चार्ली चैप्लिन

चार्ली चैप्लिन

ममता झा

प्रकाशक

प्रभात पेपरबैक्स

4/19 आसफ अली रोड, नई दिल्ली-110002

फोन : 23289555 • 23289666 • 23289777 ❖ फैक्स : 23253233

इ-मेल : prabhatbooks@gmail.com ❖ वेब ठिकाना : www.prabhatbooks.com

संस्करण

2018

मूल्य

एक सौ पचास रुपए

अ.मा.पु.स. 978-93-5048-030-4

मुद्रक

नरुला प्रिंटर्स, दिल्ली

CHARLIE CHAPLIN
A biography by Mamta Jha

Published by **PRABHAT PAPERBACKS**
4/19 Asaf Ali Road, New Delhi-10002

ISBN 978-93-5048-030-4

₹ 150.00

दो शब्द

चार्ली चैप्लिन (1889-1977) सार्वकालिक सर्वश्रेष्ठ हास्य अभिनेता माने जाते हैं। छोटी मूँछें, तंग कोट, टोपी, बड़े जूते, ढीली पैंट और छड़ी के साथ 'ट्रैंप' के किरदार के रूप में सिनेमा के विश्व भर के दर्शकों के मन में उन्होंने अमिट पहचान बनाई। सन् 1910 के मध्य में मूक फिल्मों से उनके अभिनय का सफर शुरू हुआ, जो सवाक् फिल्मों के युग तक जारी रहा। हास्य के साथ करुणा का मिश्रण करते हुए चार्ली चैप्लिन ने समाज के वंचित वर्ग की पीड़ा को रुपहले परदे पर अभिव्यक्त किया।

चार्ली चैप्लिन एक सितारे की तरह फिल्म जगत् के फलक पर चमके थे। उनकी फिल्मों ने आम दर्शकों को हँसाया भी, रुलाया भी। 'द किड', 'द सर्कस', 'द गोल्ड रश', 'सिटी लाइट', 'मॉडर्न टाइम्ज', 'द ग्रेट डिक्टेटर'—ये सारी वे फिल्में हैं जिनके लिए आज भी विश्व सिनेमा चार्ली का अहसान मानता है। चार्ली को न भूलनेवाली शोहरत दिलाई उनके किरदार 'ट्रैंप' ने। पुराना सा सूट, टोपी और छड़ी लिये ढीली-ढाली पैंट को हाथ से पकड़कर ऊपर करनेवाले इस किरदार को पूरी दुनिया में जाना जाता है।

चार्ल्स स्पेंसर चैप्लिन चार्ली के पिता थे और हाना चैप्लिन उनकी माता थीं। दोनों म्यूजिक हॉल के कलाकार थे। चार्ली की उम्र पाँच साल की हुई, उससे पहले उनके माता-पिता में संबंध-विच्छेद हो गया। चार्ली को अत्यंत गर्दिश और मुफलिसी की हालत में बचपन गुजारना पड़ा। माता को कई बार मानसिक संतुलन बिगड़ने पर अस्पताल में भरती होना पड़ता था। नौबत यहाँ तक आ गई थी कि चार्ली को यतीमखाने में वक्त गुजारना पड़ा था।

अनुक्रमांक

हास्य और प्रहसन की दुनिया का महानायक

"है ना, जहाँ कहीं भी तुम हो, यहाँ देखो। बदली छँटने लगी है। धूप पसर रही है। अँधियारे से निकलकर हम लोग प्रकाश में आ रहे हैं। हम लोग एक नए संसार में कदम रख रहे हैं, जो अधिक सुहावना है। जहाँ लोग अपनी नफरत, अपनी हवस और वहशत से ऊपर उठेंगे। देखो हैना! इनसानी रूह को पंख लग गए हैं और आखिरकार उसने उड़ान भरना शुरू कर दिया है। वह इंद्रधनुष में उड़ रहा है—उम्मीदों के उजाले में…भविष्य की ओर…महान् भविष्य की ओर, जो कि तुम्हारा है, मेरा है और हम सबका है।…"

चार्ली के ये शब्द भले ही अपनी पहली बोलती फिल्म 'द ग्रेट डिक्टेटर' की नायिका हैना के लिए कहे गए हों, पर इन शब्दों को उस वक्त पूरी दुनिया बड़े ध्यान से सुन रही थी। इतिहास साक्षी है कि इस फिल्म के बनने और रिलीज होने के वक्त दुनिया विपदा के कैसे दुर्दांत दौर से जूझ रही थी। ऐसा दौर, जब एक विश्व युद्ध की भीषण महामारी को लोग झेल चुके थे। पूरा यूरोप आर्थिक महामंदी की तबाही से होकर गुजरा था और इससे लोग त्राहिमाम कर रहे थे। यही नहीं, एक और विश्वयुद्ध भी अपने आगे के गंभीर संकेत दे चुका था।

चारों ओर तानाशाहों और उनके पिट्ठुओं का आतंक था। यह वह दौर था, जब हर तरफ एक चुप्पी थी, एक मातमी खामोशी, ऐसी मुर्दा खामोशी जो अमूमन कब्रिस्तानों में होती है। यह दौर जबरदस्त मानसिक गुलामी का दौर था। लोग अपने विचारों से इतने परास्त हो गए थे कि उन्हें तानाशाही का विकल्प ही नहीं सूझ रहा था। ऐसे ही खौफजदा दौर में चार्ली सरेआम 'द ग्रेट डिक्टेटर' बनाकर हिटलर की सार्वभौमिक होती सत्ता को ललकारता है। चार्ली ने लोगों के दिमागों में घर कर गए

डर को मिटाकर उनमें बेहतर भविष्य की उम्मीदें भरीं। अचरज की बात यह कि दुनिया में हड़कंप मचा चुके हिटलर के नाजीवाद से लड़ने के लिए चार्ली के पास हास्य और व्यंग्य के हथियार थे।

किसी आततायी की हँसी उड़ाना बस हँसना भर नहीं है, बल्कि यह उसकी सत्ता को चुनौती देना होता है। ऐसी सत्ता, जो दहशत का माहौल कायम करके बनाई जाती है। चार्ली ने लोगों को सिखाया कि मखौल को खौफ के लिए बतौर हथियार कैसे इस्तेमाल किया जाता है। इन हालात में चार्ली की फिल्मों के दृश्य, संवाद, बिंब और पटकथा सीधे तौर पर मनुष्य के दिमाग में चल रहे एक सांस्कृतिक युद्ध में मानवीय हितों की रक्षा की ढाल बनकर सामने आए।

दुःख, भय, बचपन

चार्ली चैप्लिन का जन्म 16 अप्रैल, 1889 को लंदन के वालवर्थ में पूर्वी गली में रह रहे चैप्लिन दंपती के यहाँ हुआ था। माँ हैना चैप्लिन एवं पिता चार्ल्स स्पेंसर चैप्लिन सीनियर म्यूजिक हॉल में गाते और अभिनय करते थे। चार्ली चैप्लिन को लोग प्यार से चार्ली या चैप्लिन जैसे कई नामों से पुकारते हैं, लेकिन थे वह अपने पिता के हमनाम, यानी उनका भी पूरा नाम चार्ल्स स्पेंसर चैप्लिन ही था।

चार्ली की जिंदगी के पहले तीन साल तो बड़े मजे में गुजरे, लेकिन बाद का माजरा कुछ और ही था। बहुत ही मुश्किल हालात में चार्ली का बचपन गुजरा; क्योंकि जब वे महज तीन साल के ही थे, उनके माता-पिता अलग हो गए थे। बकौल चार्ली इसका कारण पिता का शराबी होना था और यह भी कि नशे में पिता बहुत क्रूर हो जाया करते थे। हालाँकि सुनने में यह भी आता है कि उनकी माँ ने उनके पिता की गैर-हाजिरी में किसी दूसरे मर्द के साथ रिश्ते बनाए और गर्भवती हुई, जो कि आगे चलकर दोनों के अलग होने का कारण बना। हालाँकि पश्चिमी समाज के लिए यह आम बात थी, लेकिन इस कारण चैप्लिन जैसे बच्चों का बचपन नरक के समान बीतने को अभिशप्त हुआ।

बेचारे चार्ली के लिए अपना कहनेवाले दुनिया में बस दो लोग ही थे—एक थीं उनकी माँ और दूसरे थे बड़े भाई सिडनी। माँ पिता से अलग होने के समय एक स्टार थीं और उनकी कमाई 25 पाउंड प्रति सप्ताह की थी। पर यह स्थिति अधिक दिनों तक चल नहीं पाई और माँ की आवाज जवाब देने लगी। फिर धीरे-धीरे थिएटर में काम मिलना कम होता गया और मजबूरन माँ कैंटीन एट द एल्डटशएट नामक एक दोयम दर्जे के थिएटर में काम करने लगी और इससे ही तीनों का गुजारा चलता था। हालाँकि वह अधिक दिनों तक इस थिएटर में भी काम नहीं कर सकी

और उसके बाद चार्ली का बचपन तंगहाली, जिल्लत एवं जुल्मतों में बीता। पिता से मिलनेवाला 10 शिलिंग का गुजारा भत्ता भी समय पर नहीं मिल पाता था और माँ सिलाई-कढ़ाई करके भी बहुत थोड़ा ही जुटा पाती थीं। चार्ली अपने उन दिनों को याद करते हुए अपनी आत्मकथा में कहते हैं—

"हमारा समय बुरा चल रहा था, क्योंकि हम गिरजाघरों की कृपा पर पल रहे थे। सूप की टिकटों की बदौलत जिंदगी की गाड़ी घिसट रही थी और खैरात में मिली चीजों के सहारे जैसे-तैसे जिंदगी काटने को मजबूर थे। सिडनी स्कूल के वक्त समय निकालकर अखबार बेचता था और बेशक उसकी इस मेहनत से हमारी जरूरतें पूरी नहीं होती थीं, फिर भी ये उन खैरात की चीजों में कुछ तो बरकत करता ही था।"

एक बार की बात है, जब चार्ली की उम्र पाँच साल रही होगी, माँ मंच पर गाकर बदतमीज फौजियों का दिल बहला रही थीं। अचानक माँ का स्वर अपने आप ही फटने लगा और फिर वे मंच पर गाने के बजाय फुसफुसाने लगीं। वर्षों से बीमार माँ का गला अब गाने से बिलकुल मना कर रहा था। माँ की इस तकलीफ और विवशता पर चार्ली ने श्रोताओं को ठहाके लगाते सुना। उसे कुछ समझ में नहीं आ रहा था कि क्या हो रहा है। माँ अब गाने के काबिल नहीं थीं। ऐसे में स्टेज मैनेजर के दबाव में आकर उन्होंने चार्ली को मंच पर ले जाकर छोड़ दिया। इन हालात में पहली बार चार्ली दर्शकों से मुखातिब हुए थे; पर भविष्य के महान् कलाकार ने अपने जीवन की पहली अदाकारी से ही लोगों का दिल जीत लिया। इस अदाकारी के दौरान वह कोरस को दोहराते हुए बड़े भोलेपन में माँ की आवाज के फटने की भी नकल कर बैठे और वह हैरान रह गए यह देखकर कि दर्शकों पर इसका कमाल का असर पड़ा। लोग बेतरतीब तरीके से हँसने लगे और उसके बाद खुश होकर मंच पर सिक्कों की बारिश करने लगे। शायद तभी चार्ली के बाल मन ने हास्य के उस सिद्धांत को गढ़ लिया होगा कि वास्तव में जो बातें अथाह दुःख और पीड़ा का सबब हैं, वे नाट्य या फिल्म में हास्य का बेजोड़ कारण बनती हैं। चार्ली का मानना था कि जिंदगी को क्लोज शॉट में यानी नजदीक से देखें तो वह करुण कथा है और वही जिंदगी लॉन्ग शॉट, यानी दूर से देखने में एक प्रहसन बन जाती है। चार्ली ने अपनी तमाम हास्य फिल्मों में लोगों के दुःख, दरिद्रता, भूख, बेरोजगारी, अकेलेपन, बिलगाव और विवशता आदि जीवन के क्रूरतम पहलुओं को इसी सिद्धांत के तहत हास्य के रूप में तब्दील करके दिखाया है।

गरीबी, बदहाली और आय का कोई निश्चित स्रोत न होने के कारण चार्ली

को अपनी माँ और भाई के साथ लेमबेथ यतीमखाने की शरण में जाने के लिए मजबूर होना पड़ा। तीन हफ्तों के बाद उन्हें यतीमों और असहायों के लिए चलाए जानेवाले हएनवेल स्कूल में भेज दिया गया।

चार्ली अपनी आत्मकथा में बताते हैं कि इसमें कोई शक नहीं था कि हएनवेल में हमारा बेहतर पालन-पोषण हो रहा था और किसी तरह की कोई भी कोताही नहीं होती थी; लेकिन फिर भी वहाँ की जिंदगी में एक तरह की बदगुमानी थी। माँ से अलग रहने के कारण चार्ली के लिए यतीमखाने में बिताए गए दिन बुरे सपनों की तरह थे। तभी तो बाद के वर्षों में जब चार्ली ने 'द किड' और 'मॉडर्न टाइम्स' फिल्में बनाईं तो उनमें यतीमखानों के प्रति अपने खौफ को दिखाने से वह खुद को रोक नहीं पाए।

यतीमखानों के अलावा चार्ली को सौतेली माँ की प्रताड़ना सहने को भी मजबूर होना पड़ा। हुआ यों कि उनकी माँ को पागल करार दे दिया गया और उनके पागलखाने में भरती होने के बाद अदालत ने पिता को फरमान सुनाया कि अब उन्हें सिडनी और चार्ली को अपनी देखरेख में लेना ही होगा। लुईस उनके पिता की अविवाहिता औरत थी और उसका रुख इन बच्चों के लिए, खासकर सिडनी के प्रति, सौतेली माँ जैसा ही था।

पिता और लुईस के साथ एक अरसा बिताने के बाद दोनों भाइयों को माँ के साथ रहने का सौभाग्य एक बार फिर मिला। चार्ली ने अपनी आत्मकथा में इसी समय की एक कहानी का जिक्र किया है। भेड़ों के एक झुंड को कसाईखाने ले जाया जा रहा था। एक भेड़ झुंड से निकलकर भागने लगी। भेड़ के भागने से मची अफरा-तफरी ने चार्ली को इतना गुदगुदाया कि वे हँसी के मारे लोट-पोट होने लगे; लेकिन जब भेड़ पकड़ी गई और फिर से कसाईखाने में कटने जाने लगी तो चार्ली का दिल इस त्रासदी से डूब-सा गया। चार्ली ने फिर स्वीकार किया है कि शायद कहीं इस घटना ने ही फिल्मों के लिए उनका ऐसा नजरिया विकसित किया, जिसमें त्रासदी और हास्य का गहरा रिश्ता देखने को मिलता था।

प्यार ने दी दस्तक

जीवन में माँ के लौटने से खुशियाँ वापस आने लगी थीं। जीवन की गाड़ी पटरी पर आई तो चार्ली का स्कूल जाना नियमित हुआ; लेकिन उनका मन पढ़ाई में नहीं लगता था। अपनी आत्मकथा में चार्ली ने याद किया है कि अगर कोई उस समय पढ़ाई में उनकी दिलचस्पी बढ़ाता तो वह भी विद्वान् बन सकते थे। स्कूल की बात निकली तो यह बात कैसे भूली जा सकती है कि चार्ली के मन में रंगमंच के

प्रति आकर्षण फिर से घर करने लगा था। स्कूल में प्रदर्शित होनेवाले नाटक 'सिंडरेला' के आंशिक मंचन में जब किसी कारणवश काम करने का मौका चार्ली को नहीं मिला तो उन्हें बहुत बुरा लगा; पर एक बात इस समय की और खास थी कि सात साल के चार्ली की धड़कनों पर पहली बार प्यार ने दस्तक दी थी। उनके मन में सिंडरेला बनी चौदह साल की लड़की ने जादू चलाया था; पर अफसोस कि अपनी उम्र का लिहाज करते हुए उन्हें चुप ही रहना पड़ा।

कुछ दिनों के बाद चार्ली की माँ ने पिता के कहने पर चार्ली को जैक्सन नामक व्यक्ति के हवाले कर दिया। जैक्सन आठ बच्चों की रंगटोली बना रहे थे, जिसमें जैक्सन के खुद के तीन लड़के और एक लड़की शामिल थी। जैक्सन की संगति में चार्ली ने नाचने का लंबा अभ्यास किया। हालाँकि चार्ली नृत्य-मंडली में नाचने के बजाय स्वतंत्र हास्य कलाकार बनना चाहते थे; लेकिन इसमें अभी थोड़ा वक्त था। वैसे तो चार्ली को अभिनय की प्रारंभिक समझ अपनी माँ से विरासत में मिली थी, लेकिन जैक्सन की सोहबत में रहते हुए उन्होंने जार्मो नामक ट्रैप बाजीगर, ग्रीफिथ बंधुओं जैसे हास्य कलाकारों, मैरी लॉयड, डॉन लैनो और ब्रांसबाय विलियम्स जैसे मँजे हुए रंगमंचीय अभिनेताओं को देख-देखकर अभिनय की व्यावहारिक शिक्षा ग्रहण की। जैक्सन भले आदमी होने के साथ-साथ रंगमंचीय कला के पारखी थे। एक बार उन्होंने चार्ली को दोस्तों के बीच 'दि ओल्ड क्यूरोसिटी शॉप' नामक नाटक में एक बूढ़े के चरित्र की नकल करते हुए देखा और तत्काल ही उनकी अभूतपूर्व प्रतिभा को पहचान लिया था। फिर जैक्सन ने चार्ली को हरसंभव प्रोत्साहन देने का मन बनाया और इस सिलसिले में जैक्सन ने मंच पर चार्ली का दर्शकों से परिचय भी कराया। पर कम उम्र होने के कारण वे दर्शकों की आकांक्षाओं पर खरा नहीं उतर सके। जो भी हो, जैक्सन की बाल रंगटोली में काम करते हुए चार्ली के दिन यों ही बीतते गए और एक दिन ऐसा आया जब चार्ली को उस टोली से विदाई लेनी पड़ी। हुआ यह कि चार्ली की माँ ने चार्ली की बिगड़ती तबीयत की शिकायत जैक्सन साहब से की और प्रतिक्रिया में चार्ली को माँ के पास वापस भेज दिया गया।

विदा लेता बचपन

इधर सिडनी की उम्र चौदह साल हो गई थी और उसे डाकघर में तारवाले की नौकरी भी मिल गई। माँ भी सिलाई से थोड़ा-बहुत कमा ही लेती थीं। कुल मिलाकर तीन लोगों का वह परिवार अपने रहने-खाने का इंतजाम कर लेता था। कुछ दिनों बाद बहुत दिनों से बीमार चल रहे चार्ली सीनियर का देहांत होने के बाद घटी एक घटना से पता चलता है कि बारह वर्ष की उम्र में ही चार्ली को पैसे कमाने

की कितनी तीव्र इच्छा थी। उन्होंने अपनी माँ से 1 शिलिंग उधार लिया और उसके फूल खरीद लाए। स्कूल से लौटने के बाद उन फूलों के छोटे-छोटे गुलदस्ते बनाकर बेचने लगे। पिता के शोक में उन्होंने अपनी बाँहों पर काली पट्टी लगा रखी थी। इससे पसीजकर महिलाएँ उन फूलों को आराम से खरीद लेती थीं। इससे वे दोपहर भर में पाँच 5 शिलिंग तक कमा लेते थे। बाद में चार्ली ने अपनी माँ को मना लिया कि वह उन्हें पढ़ाई छोड़कर काम-धंधे में लगने दें।

फिर लंबे समय तक चार्ली तरह-तरह के कामों में अपनी किस्मत आजमाते रहे, लेकिन किस्मत में तो कुछ और ही लिखा था। किसी भी काम-धंधे में चार्ली अधिक दिनों तक टिक नहीं पाए और थक-हारकर उन्होंने पढ़ाई की तरफ फिर से ध्यान देने का मन बनाया; लेकिन उनकी पढ़ाई-लिखाई नियमित रूप से कभी नहीं हो पाई। सिडनी को जहाज में नौकरी मिल गई थी। इससे परिवार की स्थिति कुछ दिनों के लिए सुधरी; लेकिन जब सिडनी अपने दूसरे दौरे पर जहाज से गए तो कई दिनों तक लौटे ही नहीं। इससे माँ की मन:स्थिति पर बहुत बुरा असर पड़ा और डॉक्टर ने उन्हें पागल करार देते हुए पागलखाने भेज दिया। फिर क्या? चार्ली बिलकुल अकेले हो गए थे और दिन-दिन भर यों ही दर-दर भटकते रहते।

जब सिडनी वापस आए तो वह ठीक-ठाक कमाई करके लौटे थे। यह चार्ली की डूबती नैया को तिनके का सहारा मिलने जैसा था। रोजमर्रा के जीवन-संघर्षों से जूझने के लिए भले ही चार्ली ने कई तरह के काम किए हों, लेकिन उनके जीवन का लक्ष्य अभिनेता बनना था। इसलिए चार्ली नियमित रूप से ब्लैक मोर थिएटर एजेंसी जाते रहते; पर अपने शरमीले स्वभाव के कारण वहाँ अपनी मौजूदगी दर्ज नहीं करवा पाते। एक बार वहाँ के क्लर्क ने उनसे पूछ लिया कि उन्हें क्या चाहिए? बड़े संकोच से चार्ली ने कहा कि क्या आपके पास बच्चों के लिए कोई काम है? क्लर्क ने चार्ली का ब्योरा लिया और कुछ दिनों बाद उन्हें थिएटर एजेंसी से बुलावे का एक खत मिला। थिएटर एजेंसी से उन्हें चार्ल्स फ्राहमैन के दफ्तर में सी.ई. हैमिल्टन से मिलने के बाबत परची थमाई गई। चार्ली की खुशी का ठिकाना न रहा, जब हैमिल्टन ने अपने नाटकों में काम करने के लिए उनके सामने कम-से-कम 40 हफ्तों की नौकरी की पेशकश रखी। तनख्वाह थी 2 पाउंड 10 शिलिंग हर हफ्ते।

डोरो बेहद खूबसूरत थी

उसके बाद चार्ली की जिंदगी का कायाकल्प ही हो गया। उन्होंने हैमिल्टन के नाटकों के लिए जी-तोड़ मेहनत की। चार्ली को पढ़ना नहीं आता था, इसलिए शुरुआती दौर में सिडनी घंटों लग-भिड़कर चार्ली को भूमिका और संवाद रटवाते

थे। इस कंपनी में चार्ली के पहले नाटक 'जिम' को समीक्षकों ने खारिज कर दिया, लेकिन 'लंदन ट्रॉपिकल टाइम्स' ने चार्ली की बहुत बड़ाई की। 'शरलॉक होम्स' नाटक में बिली की भूमिका निभाकर चार्ली ने कई महीनों तक खूब धूम मचाई। बाद में मैनेजर से सिफारिश करने पर सिडनी को भी उसी कंपनी में नौकरी मिल गई। चार्ली ने तब तक फ्राहमैन कंपनी में काम किया, जब तक एक दूसरी कंपनी ने 'शरलॉक होम्स' के अधिकार खरीद नहीं लिये। नई कंपनी ने भी दोनों भाइयों को नौकरी पर रखा, लेकिन कम वेतन पर।

चार्ली ब्लैकवने की इस कंपनी में अधिक दिनों तक नहीं रुके। उन्हें विलियम जिलेट ने अपने अगले नाटक में काम करने के लिए लंदन बुला लिया था। जिलेट 'शरलॉक होम्स' के रचयिता थे। उन्होंने अपनी नई पेशकश 'द पेनफुल प्रीडिकएमेंट ऑफ शरलॉक होम्स' में चार्ली को बिली की भूमिका निभाने का न्योता भेजा, जिसे चार्ली ने सहर्ष स्वीकार कर लिया था। चार्ली सोलह साल के हो चुके थे और यह उस उम्र का तकाजा ही था कि उनकी नजरें मारियो डोरो से उलझ गईं। डोरो बेहद खूबसूरत थी और जिलेट की कंपनी में नायिका की भूमिका निभाती थी। चार्ली बार-बार उससे बात करने की तरकीबें ढूँढ़ते रहे, पर वह गधापचीसी से अधिक कुछ नहीं कर पाए।

बाद में जब 'शरलॉक होम्स' के नए नाटक ने अपनी सफलता के परचम को हर जगह लहरा दिया और अब नाटक का प्रदर्शन खत्म होने में दो हफ्ते बचे थे तो डिऑन बाउसीकएल्ट ने अपनी सिफारिशी चिट्ठी के साथ चार्ली को नए काम के लिए लब्धप्रतिष्ठ नाटककार कैंडल दंपती के पास भेजा। हालाँकि वहाँ बात बनी नहीं और अगले दस महीने चार्ली को बिना काम के गुजारा करना पड़ा। इसके बाद कुछ दिनों तक चार्ली ने कैसीज सर्कस में काम किया। एक चलताऊ किस्म के शो होने के बावजूद इस शो ने चार्ली के अंदर के हास्य अभिनेता को और परिपक्व किया; लेकिन यहाँ काम करना अधिक दिनों तक चल नहीं पाया और फिर से चार्ली के जीवन में लंबी बेकारी थी। इधर, सिडनी फ्रेड कार्नो की रंगटोली के मुख्य कॉमेडियन बन गए थे और नियमित रूप से चार्ली के रहने-खाने का इंतजाम कर दिया करते थे।

काफी समय खाली रहने के बाद चार्ली ने फोरेस्टर म्यूजिक हॉल में एक ट्रायल परफॉर्मेंस की योजना बनाई और बहुत मेहनत के बाद भी दर्शकों ने एक सिरे से चार्ली के हास्य को नकार दिया। इससे चार्ली के आत्मविश्वास की धज्जियाँ ही उड़ गईं। इसके बाद वे कई योजनाओं में बतौर अभिनेता, निर्देशक और पटकथा

लेखन में अपना हुनर आजमाते रहे, लेकिन लगातार पराजय और निराशा के अलावा उन्हें कुछ भी हासिल नहीं हुआ। कई दिनों के बाद फिर से चार्ली के जीवन में तब कुछ अच्छा हुआ जब सिडनी की सिफारिश पर कार्नो ने चार्ली को अपनी टोली में बतौर हास्य अभिनेता नियुक्त कर लिया। फोरेस्टर में हाथ लगी गहरी निराशा के बाद कार्नो के पहले ही ट्रायल शो ने चार्ली के उत्साह को फिर से बुलंद कर दिया।

...तो अब हम फिर कभी नहीं मिलेंगे

चार्ली के उनतीस साल के होते-होते दोनों भाइयों की आर्थिक स्थिति अच्छी हो गई थी। उन्होंने रहने के लिए एक आरामदेह और सजे-सँवरे फ्लैट का बंदोबस्त कर लिया था। बीच-बीच में दोनों भाई माँ से मिलने पागलखाने जाया करते थे। सब कुछ ठीक-ठाक चल रहा था। चार्ली ने कार्नो की टोली में बेहतर अभिनय-क्षमता की बदौलत अपनी पैठ बना ली थी; लेकिन एक बात थी, जो चार्ली को हमेशा सालती रहती और वह था उनका अकेलापन। वे अपने कामों में इस तरह उलझे रहते कि उन्हें अब यों बस काम, काम और काम से चिढ़ हो रही थी। उसी दौरान कुछ ऐसा घटा कि उनके होश उड़ गए। हुआ यह कि चार्ली के शो से ठीक पहले लड़कियों का एक दल नाच और गाना पेश किया करता था। चार्ली अपनी ऊब भरी जिंदगी से आहत यों पड़े थे कि उनकी नजरें उस दल की एक लड़की से टकराईं। सिर्फ यही होता तो कोई बात नहीं थी, पर इसके बाद चार्ली का मन अपनी बेरंग जिंदगी में रंग भरने के सपने सँजोने लगा था। मोहतरमा का नाम हैट्टी कैली था। बड़ी मशक्कत के बाद चार्ली ने हैट्टी को बाहर घूमने के लिए मनाया और इस तरह से यह मामला आगे बढ़ने लगा। चार्ली तीन दिनों तक किसी-न-किसी बहाने अपना अधिकतर समय हैट्टी के साथ बिताने की तरकीबें तलाशते रहते। कभी सफल रहते तो कभी निराशा हाथ लगती। कुल मिलाकर इन तीन दिनों तक उनके ऊपर इश्क की खुमारी छाई रहती। फिर एक दिन हैट्टी का बरताव अचानक रूखा हो गया। चार्ली कुछ समझ नहीं सके और गुस्से में कह बैठे कि जाओ, अगर तुम मुझसे प्यार नहीं करती हो तो अब हम फिर कभी नहीं मिलेंगे। चार्ली हैट्टी से सिर्फ पाँच बार ही मिले थे, लेकिन इसका असर उन पर ताउम्र रहा। एक कवि ने कहा है कि हम जिन्हें प्यार करना चाहते हैं और प्यार नहीं कर पाते, उन्हें हम उम्र भर प्यार करते रहते हैं। चार्ली की जिंदगी में भी ऐसा ही कुछ हुआ। अपने जीवन में आई तमाम स्त्रियों में फिर तो चार्ली ने हैट्टी की ही छवि तलाशी।

कार्नो कंपनी की अमेरिकी शाखा के लिए एक मुख्य हास्य कलाकार की जरूरत थी। शाखा के प्रबंधक आल्फ रिब्ज ने इसके लिए चार्ली का चुनाव किया।

हालाँकि कुछ महीनों पहले ऑक्सफोर्ड म्यूजिक हॉल में अपने बेकार प्रदर्शन के कारण चार्ली बड़ी हताशा की स्थिति में थे, परंतु अमेरिका जाने के खयाल ने उन्हें फिर से उत्साह से लबरेज कर दिया। उनके मन में वहीं बस जाने की तमन्ना घर करने लगी। अमेरिका आने के बाद शुरुआती दौर में चार्ली को अमेरिकियों को हँसाने में नाकामी ही मिली, लेकिन उन्होंने हिम्मत नहीं हारी और लगे रहे। चार्ली कार्नो की कंपनी के साथ अमेरिका के कई शहरों में घूमते रहे और नाटकों का प्रदर्शन करते रहे; लेकिन आखिरकार उनका यह दौरा भी खत्म हुआ और उन्हें वापस इंग्लैंड लौटना पड़ा। इंग्लैंड लौटना उनके लिए अच्छा नहीं था। सिडनी ने शादी करके अलग घर बसा लिया था और चार्ली की जिंदगी का अकेलापन इंग्लैंड में उन्हें और अधिक परेशान कर रहा था। लेकिन जल्द ही चार्ली अमेरिका लौटे। चार्ली की अमेरिका वापसी के कई दिनों बाद रिब्ज को एक तार मिला, जिसका आशय था कि संभवत: चार्ली को किसी खास पते पर तलब किया जा रहा था। यह चार्ली के लिए कीस्टोन कंपनी से बुलावा था। चार्ली रंगमंच की दुनिया से दूर अब फिल्मों में अपना झंडा गाड़ने जा रहे थे।

शुरू हुआ फिल्मी सफर

साल का दूसरा महीना था, महीने का दूसरा दिन और यह साल था 1914, जब मैक सेनेट की कीस्टोन स्टूडियो के बैनर तले रिलीज हुई हेनरी लेहरमैन द्वारा निर्देशित एक रील वाली फिल्म 'मेकिंग ए लिविंग' से चार्ली अपना फिल्मी कैरियर शुरू करते हैं। इसके बाद के मात्र दस महीने और पाँच दिनों की अवधि में पैक सेनेट की कीस्टोन स्टूडियो के बैनर तले चार्ली की पैंतीस और फिल्में रिलीज हुईं, जिन्होंने बतौर फिल्म अभिनेता चार्ली को स्थापित कर दिया। दूसरी फिल्म थी 'किड ऑटो रेसेज एट वेनिस'। लेहरमैन के निर्देशन में बनी इस फिल्म में चार्ली पहली बार ट्रैंप के किरदार में नजर आते हैं। रैंप का यह जादुई किरदार ताउम्र चार्ली के साथ जुड़ा रहा। दो दिनों के बाद ही रिलीज हुई थी चार्ली की एक और फिल्म 'मेबल्स स्ट्रेंस प्रिडिकामेंट', जो कि पहले ही बनकर तैयार थी और चार्ली की आत्मकथा से पता चलता है कि तकनीकी तौर पर ट्रैंप के किरदार का पहली बार फिल्मांकन इसी फिल्म के लिए किया गया था।

चार्ली ने अपनी ज्यादातर मूक फिल्मों में ट्रैंप नामक किरदार का चित्रण किया, जो कोई और नहीं बल्कि चार्ली का अपना ही अतीत था। दुबले, ठिगने और फटेहाल ट्रैंप की मुफलिसी, आवारागर्दी और बेफिक्री ने फिल्म-प्रेमियों को दशकों तक गुदगुदाया है और अभी भी उनका जादू कायम है। चार्ली ने ट्रैंप के जरिए सिर्फ

एक आवारागर्द और अल्हड़ किरदार को नहीं गढ़ा, बल्कि वे अपनी फिल्मों में यह भी दिखाना चाहते हैं कि पहले विश्व युद्ध और उसके बाद आई आर्थिक महामंदी के चलते नौजवानों का बड़ा तबका किस तरह से बेरोजगारी और गरीबी का शिकार है। इस तरह, ट्रैंप के जरिए चार्ली ने वैसी परिस्थितियों से जूझ रहे व्यापक आम जन से अपना जुड़ाव दिखाकर उनके दिलों में अपने लिए एक कोना सुरक्षित कर लिया था। भले ही वे आभिजात्य वर्ग के दर्शकों की नजर में सिर्फ एक कॉमेडियन या विदूषक रहे हों, लेकिन वे करोड़ों बेकार और भूखी जनता के दिलों पर राज करनेवाले सुपर हीरो या महानायक बन रहे थे। परदे पर ट्रैंप का अलमस्त किरदार समाज में जड़ जमाए अमीरों और तथाकथित संभ्रांत लोगों के वर्चस्व को ठेंगा दिखाते हुए उनकी खिल्ली उड़ाता है और कई बार जमकर उसने खाए-अघाए किरदारों के पिछवाड़े पर लात भी जमाई है।

ट्रैंप के बहाने चार्ली ने पुराने मानकों को तोड़ते हुए एक ज्यादा व्यावहारिक और आम लोगों का सौंदर्य गढ़ने की कोशिश की। एक ऐसा सौंदर्य-बोध, जिसमें गरीबी एवं अभाव में भी खुशमिजाजी है और जिसमें मानवीय गरिमा का मूल्यांकन किसी इनसान की माली हैसियत या जिस्मानी ताकत से तय नहीं किया जाता है। ऐसी सौंदर्यानुभूति, जिसमें जिंदगी दौलत, शोहरत या ताकत से नहीं बल्कि प्रेम, करुणा और इनसानियत से सुंदर बनती है।

एक-से-एक बेहतर गुदगुदानेवाली फिल्मों में अभिनय करने का सिलसिला यों ही चलता रहा; पर चार्ली को सेनेट के अलावा कीस्टोन के तमाम निर्देशकों पर अविश्वास था। चार्ली के मुताबिक, ये सभी निर्देशक एक ही ढर्रे पर घिसे-पिटे अंदाज में फिल्म बनाते थे और उनमें रचनात्मकता का बेहद अभाव था। ऐसे माहौल में चार्ली ने खुद ही फिल्में लिखने और निर्देशित करने की गुहार सेनेट के सामने लगाई। मैक सेनेट एक पल के लिए रुके और पूछा कि अगर उनकी बनाई फिल्म रिलीज न हो सकी तो हर्जाना कौन भरेगा? चार्ली ने कुछ पैसे बचा रखे थे और उन्हें अपनी फिल्में बनाने का आश्वासन मिल गया। जब उन्होंने निर्देशन का काम शुरू किया तो उन्होंने प्रयोग करने भी शुरू कर दिए। बतौर निर्देशक पहले यही देखा जाता था कि दृश्य में कलाकार की पोजीशन क्या है और इसके फिल्मांकन में कोई अस्पष्टता तो नहीं आ रही है। चार्ली ने अधिक अनुभव के साथ पाया कि कैमरा रखने की जगह का न केवल मनोवैज्ञानिक प्रभाव होता है, बल्कि इससे दृश्य भी बनता-बिगड़ता है। कैमरे को कहाँ रखना है, यह दृश्य की पृष्ठभूमि, भाव और उसकी पूरी अर्थवत्ता के कंपोजिशन की समझदारी है और इसके लिए तमाम पक्षों

का खयाल रखना चाहिए।

बड़ी जद्दोजहद से चार्ली ने अपनी फिल्म 'कॉट इन द टेन' निर्देशित की। इस फिल्म को जब सेनेट ने देखा तो चार्ली से पूछा, 'क्यों भाई, एक और फिल्म बनाने के लिए तैयार हो?' फिर तो चार्ली का आत्मविश्वास सातवें आसमान पर था। इसके बाद चार्ली ने अपनी सभी हास्य फिल्में खुद ही लिखीं और निर्देशित भी कीं। अपनी आत्मकथा में चार्ली ने बताया है कि वे कीस्टोन में सूरज की रोशनी में ही काम किया जाता था और चूँकि कैलिफोर्निया में साल में नौ महीने धूप चमकती रहती थी, इसलिए शूटिंग वहीं होती थी। कीस्टोन की कॉमेडी को बनाने में बमुश्किल एक सप्ताह का समय लगता था और बजट अधिकतम 1,000 डॉलर का होता था। चार्ली ने कीस्टोन के लिए कई सफल फिल्में बनाईं, जिनमें 'ट्वेंटी मिनट्स ऑफ लव', 'डव एंड डायनामाइट' और 'लॉफिंग गैस' जैसी फिल्में शामिल थीं।

चार्ली ने अपने जीवन के संघर्षों से एक ऐसा नजरिया जल्दी ही हासिल कर लिया था, जिसके वाबस्ता वे अपनी फिल्मों में बहुसंख्यक मेहनतकश अवाम की भावनाओं को बड़ी बुलंदी के साथ जाहिर भी करते थे और लोगों को ठहाके भी लगवाते थे। हालाँकि यह दुनिया में फिल्म-निर्माण का शुरुआती दौर था और हर तरफ छोटे-बड़े प्रयोग चल रहे थे, पर कीस्टोन में फिल्म बनाने का तरीका बहुत सहज था। न इसमें साहित्य की कोई परवाह थी और न ही यह सुनिश्चित रहता था कि फिल्म में वास्तव में क्या करना है। सब मिलकर कोई परिकल्पना तैयार करते थे। मिल-जुलकर इसमें हास्य के पक्ष को समाहित किया जाता और इसी तरह से कहानी बन जाती थी। फिल्म निर्देशन का सारा मामला इंप्रोवाइजेशन यानी आशुकला पर आधारित हुआ करता था, मानो कि जैसे-जैसे जो मन में आता जाता था, उसी लीक पर कहानी आगे बढ़ती जाती थी। हास्य के अलावा चार्ली में त्रासद दृश्यों में भी जान फूँकने की कूवत थी और ऐसा उन्होंने 'द न्यू जेनिटर' के दौरान करके दिखाया भी।

कीस्टोन में चार्ली ने कई सफल फिल्मों में काम किया, पर सारी फिल्में मजेदार नहीं थीं। अपनी फिल्म 'ए बिजी डे' में चार्ली ने एक महिला का अभिनय करने की कोशिश की है। इस फिल्म के शुरुआती दृश्यों में लेहरमैन की फिल्म 'किड ऑटो रेसेज एट पेनिस' का दोहराव-सा लगा और चार्ली का अभिनय भी औरतों जैसा नहीं हो पाया, जैसा होना चाहिए था। हास्य पैदा करने के प्रयास में चार्ली इस फिल्म में थोड़े फूहड़ नजर आए।

फिल्म 'मेबल्स मेरीड लाइव' में पागलपन और उछल-कूद से हँसाने की

कोशिश की गई है। चार्ली ने इस फिल्म में दिखाया है कि कैसे सन् 1914 के अमेरिका में शादीशुदा जोड़ों के जीवन में विवाहेतर संबंधों के अलावा कुछ और नहीं बचा था। वैसे चार्ली ने इस विषय पर आधारित एक दूसरी फिल्म 'टिल्लीज पंक्चर्ड रोमांस' भी बनाई। यह चार्ली की पहली फीचर फिल्म थी, लेकिन गौरतलब है कि देखने में यह फिल्म 'मेबल्स मेरीड लाइव' के बनिस्बत एक कम मजेदार फिल्म थी, क्योंकि 'टिल्लीज पंक्चर्ड रोमांस' में दो रील के प्लॉट को छह रील तक खींचा गया था।

विफल रोमांस का दौर

कीस्टोन में काम करते हुए चार्ली पच्चीस साल के हो चुके थे। धन-दौलत और शोहरत की उन्हें कोई कमी नहीं थी, लेकिन जीवन का अकेलापन उनका जीना मुहाल कर रहा था। यकीनन उन्हें एक साथी की तलाश थी। नामार्ड माबेल की खूबसूरती अकसर चार्ली को लुभाती थी; लेकिन चूँकि वह सेनेट की प्रेमिका थी, इसलिए वे चुप रहना ही बेहतर समझते थे। हालाँकि एक बार मौका मिलते ही उनसे रहा नहीं गया और बहुत करीब आ चुकी माबेल को उन्होंने चूम लिया था। फिर बाद में माबेल ने यह बहाना बनाकर सिलसिला आगे बढ़ाने से मना कर दिया कि वे दोनों एक से नहीं हैं।

कीस्टोन में ही उनकी नजदीकियाँ पेगी पियर्स से भी बढ़ीं और दोनों एक-दूसरे की चाहत के नशे में कुछ समय तक झूमे भी। चार्ली आत्मकथा में यह स्वीकार करते हैं कि उनका शादी करने का कोई इरादा नहीं था। उन्होंने जो कल्पनाएँ अपनी जीवनसंगिनी के लिए कर रखी थीं, कोई भी उन कल्पनाओं के मानकों को पूरा करनेवाली नहीं मिली थी।

चार्ली की सफलता का राज अभिनय की एक अनोखी शैली को विकसित करना था। चार्ली ने अमेरिकी फिल्म उद्योग में चल रहे अभिनय के सारे तत्कालीन मानदंडों को नकार दिया था; लेकिन यह भी कहना पूरी तरह से सही नहीं होगा कि चार्ली के अभिनय पर किसी अन्य अभिनेता का बिलकुल भी प्रभाव नहीं था। जिस दौरान चार्ली ने फिल्मों में अदाकारी करनी शुरू की थी, उस दौरान परदे पर की जा रही कॉमेडी का बेताज बादशाह एक फ्रांसीसी अभिनेता था। उसका नाम था—मैक्स लिंडर। लिंडर सन् 1908 से हास्य फिल्में बना रहा था और 1911 आते-आते उसकी सालाना आय करोड़ों फ्रैंक तक पहुँच गई थी। कई समीक्षकों का मानना है कि चार्ली के अभिनय पर लिंडर का बहुत प्रभाव था। एक वाकया है कि जब एक बार प्रथम विश्व युद्ध के बाद लिंडर हॉलीवुड आया तो चार्ली ने अपनी एक तसवीर

उसे तोहफे में दी। तसवीर पर लिखा था—'टू मैक्स-द प्रोफेसर-फ्रॉम द डिसिपक' (गुरु मैक्स के लिए उनके शिष्य की ओर से)।

हालाँकि यह बात काबिल-ए-गौर है कि लिंडर से प्रेरणा ग्रहण करने के बावजूद कीस्टोन स्टूडियो में अपने एक साल के कार्यकाल के दौरान चार्ली ने इस फ्रांसीसी अभिनेता से कहीं अधिक परिपक्वता अर्जित कर ली थी। तभी तो कीस्टोन में जहाँ चार्ली को 150 डॉलर हर हफ्ते की तनख्वाह मिल रही थी, वहीं एस्साने फिल्म मैन्यूफैक्चरिंग कंपनीवालों ने उन्हें 12,500 डॉलर हर हफ्ते की तनख्वाह पर अपनी कंपनी से जुड़ने का प्रस्ताव दिया। इसके अलावा अनुबंध करते वक्त 10,000 डॉलर की राशि भी देने की बात थी।

एस्साने में चार्ली को कई शुरुआती अनियमितताओं के कारण बहुत परेशान होना पड़ा। स्टूडियो को लेकर चार्ली के मन में असंतोष था, ढंग के अभिनेताओं की कमी थी, लोगों के पास तकनीकी जानकारी का घोर अभाव था और सबसे बड़ी कमी यह थी कि इस कंपनी में मुख्य अभिनेत्री के रूप में कोई काम की अदाकारा नहीं थी। लेकिन चार्ली ने धीरे-धीरे अपने मुताबिक माहौल बनाना शुरू किया। सैन फ्रांसिस्को जाकर चार्ली ने मुख्य अभिनेत्री की तलाश में बहुत पापड़ बेले और अंतत: एडना पर्विएंस को बतौर मुख्य अभिनेत्री चुन लिया। चार्ली ने एस्साने के लिए 'ए नाइट आउट', 'ए जिटनेय इलोपमेंट', 'द ट्रैंप', 'बाय द सी वर्क', 'शंघाइड' और 'कारमैन' सरीखी 15 फिल्में बनाईं। चार्ली पहले ही कीस्टोन में अपनी बुलंदियों पर थे, एस्साने में अब उनके कैरियर पर चार चाँद लग रहे थे। कंपनी उनकी फिल्मों से लाखों डॉलर कमा रही थी। उनके नाम पर किताबों, कपड़ों, मोमबत्तियों, खिलौनों, सिगरेट और टूथपेस्ट सरीखे उत्पादों को बेचने की होड़-सी लगने लगी थी।

सफलता और शोहरत ने चूमे कदम

इसके बाद चार्ली ने म्यूचुअल फिल्म कॉर्पोरेशन के साथ 6,70,000 डॉलर प्रतिवर्ष के हिसाब से फिल्म बनाने का करार किया। चार्ली ने म्यूचुअल के लिए बारह फिल्में बनाईं और सब एक से बढ़कर एक। ये फिल्में थीं—'द फ्लोर वाकर', 'द फायरमैन', 'द वैगाबांड', 'वन ए.एम.', 'द काउंट', 'द पॉनसोप', 'बिहाइंड द स्क्रीन', 'द रिंक', 'इजी स्ट्रीट', 'द क्योर', 'द इम्मिग्रेट' और 'द एडवेंचरर'। इन फिल्मों की अपार सफलता के कारण चार्ली के पास अकूत कमाई थी, लोगों पर चार्ली की दीवानगी छाई हुई थी और कुल मिलाकर वे दुनिया के बड़े फिल्मी महानायक बन चुके थे। इन सबके बावजूद चार्ली अब भी असुरक्षा के बोध से मुक्त

नहीं हो पाए थे। उनके लिए यह सब शान-ओ-शौकत दुनिया में खुश होने के लिए नाकाफी थे। उन्हें हर वक्त अकेलापन सालता रहता था—एक डरावना और घनघोर अकेलापन।

म्यूचुअल फिल्म कॉर्पोरेशन के लिए काम खत्म करने के बाद चार्ली ने अपना स्वयं का स्टूडियो तैयार करने की योजना बनाई। स्टूडियो बनाने के दौरान चार्ली छुट्टी मनाने के लिए होनोलुलु गए। इस मौज-मस्ती में एडना पर्विएंस भी साथ में थी। अपनी पहचान के शुरुआती दिनों से ही दोनों को एक-दूसरे का साथ पसंद था। चार्ली को लगता भी था कि भविष्य में एडना के साथ उनका रिश्ता शायद शादी में तब्दील हो जाए; लेकिन अब तक ऐसी स्थिति नहीं आई थी, क्योंकि एडना के बारे में चार्ली के कुछ पूर्वग्रह भी थे। अगर गौर करें तो सच्चाई यह थी कि वे अब तक हैट्टी की यादों में डूबे थे, लेकिन सन् 1916 आते-आते यह आलम था कि चार्ली और एडना को लगने लगा था कि वे दोनों एक-दूजे के लिए ही बने हैं। लेकिन एडना का व्यवहार हमेशा ही चार्ली को सकते में डाल दिया करता था। कई भावनात्मक उठा-पटक के बावजूद चार्ली और एडना का यह रोमांस सन् 1918 में चार्ली के मिल्ड्रेड हैरिस से विवाह करने तक ही चल पाया। इसके बाद भी एडना और चार्ली के रिश्तों में कटुता कभी नहीं आई। दोनों के बीच परस्पर आदर हमेशा बरकरार रहा और एडना ने सन् 1923 तक चार्ली की फिल्म कंपनी में बतौर मुख्य अदाकारा काम किया। इसके बाद भी अपनी मृत्यु तक एडना चार्ली की कंपनी से तनख्वाह लेती रही।

इसी बीच की बात है, जिसका जिक्र होना जरूरी है कि डोरो का पैरामाउंट पिक्चर्स में काम करने के लिए हॉलीवुड में आगमन हुआ। हॉलीवुड के जिस एकमात्र इनसान से मिलने को डोरो बहुत व्याकुल थी, वह कोई और नहीं, चार्ली ही थे। डोरो तब खुशी से फूली नहीं समाई, जब उसे पता चला कि एक वक्त ऐसा भी था जब हॉलीवुड का यह चमकता सितारा अपने लड़कपन में उसके रूप का दीवाना हुआ करता था।

जब चार्ली का अपना स्टूडियो बनकर तैयार हो गया तो उन्होंने वहाँ पहली फिल्म 'ए डॉग्स लाइव' बनाई। उस फिल्म में कुत्ते के साथ ट्रैंप की जिंदगी की तुलना की गई थी। चार्ली अब ट्रैंप के किरदार के साथ कुछ नए प्रयोग कर रहे थे। कीस्टोन के वक्त चूँकि पटकथा पहले से तय नहीं हुआ करती थी और सबकुछ फौरी कल्पना पर आधारित था, इसलिए किरदार ज्यादा मुक्त हुआ करते थे; लेकिन अब फिल्में एक निश्चित पटकथा और योजना के तहत बनने लगी थीं, इसलिए ट्रैंप

के किरदार में पेचीदगी आ रही थी। चार्ली के लिए अपनी फिल्मों का संगीत हमेशा उस वक्त में मददगार साबित होता, जब फिल्म के मिजाज को स्थापित करने में दृश्य पिछड़ जाते। जैसे उन्होंने 'दि इम्मिग्रेंट' नामक फिल्म में एक पुराने गीत 'मिसेज ग्रुंडी' का इस्तेमाल किया और इस तरह के कई और उदाहरण भी मौजूद हैं। सन् 1918 से 1923 के बीच चार्ली ने नौ फिल्में बनाईं। ये फिल्में थीं—'द डॉग्स लाइव', 'द बांड', 'शोल्डर्स आर्म्स', 'सन्नी साइड', 'ए डेज प्लेजर', 'द किड', 'द आपडल क्लास', 'पे डे' और 'द पिलगिम'। लेखक, निर्माता और निर्देशक होने के साथ-साथ चार्ली ने इन फिल्मों में अभिनय भी किया है। इनमें से तीन फिल्में—'द डॉग्स लाइव', 'शोल्डर्स आर्म्स' और 'द पिलगिम' के लिए चार्ली ने संगीत का संयोजन भी किया। इन सारी लघु फिल्मों का वितरण फर्स्ट नेशनल के द्वारा हुआ।

फर्स्ट नेशनल के साथ चार्ली ने यह करार किया था कि वे दो रीलवाली आठ फिल्मों का निर्माण करेंगे, जिसके बदले में उन्हें 12 लाख डॉलर मिलते, लेकिन फिल्मों के तेजी से बढ़ते बाजार ने चार्ली की हैसियत को लाखों से बढ़ाकर करोड़ों में कर दिया था। वैसे भी अपनी पुरानी फिल्मों की तुलना में चार्ली अपनी नई फिल्मों पर कई गुना अधिक धन और समय खर्च कर रहे थे। इसी बीच हालात यों हुए कि सन् 1923 में फिल्म कलाकारों ने यूनाइटेड आर्टिस्ट फिल्म कॉर्पोरेशन नामक बैनर तले अपनी फिल्म रिलीज करने की योजना बनाई। हैट्टी ग्रीन उर्फ मैरी पिकफोर्ड एवं डगलस फेयरबैंक्स सरीखे कई निर्माता-निर्देशकों के अलावा चार्ली भी इस कॉर्पोरेशन के अभिन्न अंग थे। छह महीनों तक कॉर्पोरेशन के जरिए चार्ली अपनी एक भी फिल्म रिलीज नहीं कर सके, क्योंकि चार्ली फर्स्ट नेशनल के अपने करार को पूरा करने में व्यस्त थे। चार्ली ने अपनी फिल्म 'द गोल्ड रश' और उसके बाद, जब तक वे अमेरिका में रहे, अपनी सभी फिल्मों को इसी बैनर के जरिए रिलीज किया।

चार्ली अपनी पूरी जिंदगी में लगभग दर्जन भर लड़कियों के प्रति आसक्त रहे और उन्होंने उनमें से चार के साथ विवाह किया। सन् 1918 में चार्ली जब 29 साल के थे, तब उन्होंने 29 साल की मिल्ड्रैड हैरिस से पहली शादी की। हैरिस के साथ चार्ली का विवाह बस उतावलेपन का नतीजा था और दोनों का यह रिश्ता 2 साल से अधिक टिक नहीं पाया। चार्ली अपनी फिल्म 'द किड' के निर्माण के दौरान लीटा ग्रे से मिले। लीटा उस वक्त 16 साल की थी, लेकिन 3 साल के बाद जब चार्ली 'द गोल्ड रश' बनाने वाले थे तो लीटा को उसमें बतौर नायिका रखने की योजना थी। पर ऐन वक्त पर पता चला कि वह चार्ली के बच्चे की माँ बनने वाली है और इससे हुआ यह कि 'द गोल्ड रश' में काम करने के बदले चार्ली ने उसे जीवनसंगिनी

बनाना बेहतर समझा।

सन् 1924 में हुई यह शादी चार्ली के जीवन की बड़ी त्रासदी साबित हुई। बहुत कटुता के साथ सन् 1927 में अदालत के हस्तक्षेप से दोनों का तलाक हो गया। 'द गोल्ड रश' में जिस अदाकारा ने लीटा की जगह ली थी, उसका नाम जार्जिया हाले था। जार्जिया से भी चार्ली के रिश्ते की बात सुनने में आती है। इस बात का दावा स्वयं जार्जिया ने सन् 1980 में दिए एक साक्षात्कार में किया था। 'द गोल्ड रश' के साथ कितने भी प्रसंग क्यों न जुड़े हों, पर आलोचकों की नजर में यह फिल्म चार्ली की सबसे बेहतरीन फिल्म थी।

सन् 1931 में चार्ली की फिल्म 'सिटी लाइट्स' रिलीज हुई। इसकी सफलता को लेकर चार्ली बहुत चिंतित थे, क्योंकि अपनी दूसरी पत्नी लीटा के साथ किए गए दुर्व्यवहार के कारण दर्शकों के बीच चार्ली की बहुत थू-थू हो गई थी और इस कारण लोगों के बीच उनकी छवि दो कौड़ी की भी नहीं बची थी। उन्हें डर था दर्शक उनकी इस फिल्म को नकार न दें; लेकिन 'सिटी लाइट्स' ने भी सफलता के झंडे गाड़े और चार्ली को यकीन हो गया कि अब तक उनका जादू कायम है।

लंदन में 'सिटी लाइट्स' का प्रीमियर शो करने के लिए चार्ली खुद ही लंदन पहुँचे। 10 साल के बाद अपने देश लौटने पर उनका वहाँ भव्य स्वागत हुआ। अपनी इस यात्रा में चार्ली ने कई नामी-गिरामी हस्तियों से मुलाकात की और कइयों को अपनी मेजबानी करने का मौका दिया।

एक बार एक रात्रिभोज के दौरान उनकी मुलाकात श्रीमती एस्टर से हुई, जिनके न्योते पर जब चार्ली उनके यहाँ पहुँचे तो दंग रह गए। उन्हें लगा जैसे वे मैडम तुसाद के मशहूर हॉल ऑफ फेम, जहाँ विश्व-प्रसिद्ध लोगों के मोम के पुतले सजाए जाते हैं, में पहुँच गए हों; क्योंकि वहाँ ऐसी कई हस्तियाँ मौजूद थीं, जो किसी परिचय की मोहताज नहीं थीं। इनमें से जिनके साथ चार्ली की लंबी गुफ्तगू हुई, वे थे जाने-माने लेखक बर्नार्ड शॉ और अर्थशास्त्री जॉन मेनार्ड कीन्स। इसके बाद शॉ के साथ चार्ली की बाद में भी कई मुलाकातें हुईं। चार्ली को प्रधानमंत्री रैमसे मैकडोनाल्ड का भी न्योता मिला था।

एक बुलावा विंस्टन चर्चिल की तरफ से था। चार्ली और चर्चिल का लंदन में फिर कई बार मिलना हुआ। एक बार चर्चिल के चार्टवैल मकान में एक दावत के दौरान चार्ली ने अपनी मंशा जाहिर की कि वे गांधी से मिलने जाने वाले हैं। गांधी उस वक्त सरकार के साथ होनेवाली गोलमेज वार्त्ता के लिए लंदन में ही आए हुए थे। वहाँ मौजूद एक युवा सांसद ब्रेकेन ने इस पर अपनी प्रतिक्रिया दी कि गांधी

नामक इस शख्स को हमने बहुत बरदाश्त कर लिया। वह अनशन करे या न करे, सरकार को चाहिए कि ऐसे आदमी को वह कैद करके रखे, वरना इसमें कोई शक नहीं है कि ब्रिटेन को भारत से हाथ धोना पड़ेगा। चार्ली इस प्रतिक्रिया पर चौंके और उन्होंने जवाब दिया कि गांधी को जेल में बंद करने से गांधी जैसा कोई और खड़ा हो जाएगा और यह तब तक होता रहेगा जब तक भारत के लोग जो चाहते हैं, उन्हें वह हासिल नहीं कर लेते। चार्ली की इस हाजिर-जवाबी पर चर्चिल मुसकराते हुए बोले कि चार्ली लेबर पार्टी का सदस्य बनने का पूरा माद्दा रखता है।

अपनी आत्मकथा में चार्ली कहते हैं कि वे गांधी की राजनीतिक स्पष्टवादिता और मजबूत मनोबल के सदैव ही कायल रहे थे; पर इस बार गांधी के लंदन दौरे को वे गांधी की एक बड़ी चूक के रूप में देख रहे थे। लंदन में गांधी से उनकी मुलाकात बहुत रोमांचक रही। गांधी झोंपड़पट्टी इलाके में डेरा डाले हुए थे। चार्ली उनसे मिलने वहीं पहुँचे। कुछ देर के इंतजार के बाद चार्ली को उनके दर्शन हुए। भारत में आजादी के लिए हो रहे आंदोलनों पर चार्ली ने गांधी से अपने नैतिक समर्थन का इजहार किया और दोनों के बीच राजनीतिक विषयों पर लंबी बातचीत हुई। इस बार की लंदन यात्रा चार्ली के लिए 'सिटी लाइट्स' के बहाने चर्चिल, बर्नार्ड शॉ, एच. जी. वेल्स और गांधी के साथ गुजारे गए पलों के लिए हमेशा यादगार रही।

चार्ली को पता था कि अब मूक फिल्मों का जमाना नहीं बचा है और उनके मन में यह खयाल भी आया कि क्यों न अपना बोरिया-बिस्तर समेटकर वे चीन या हांगकांग जा बसें। पर 'सिटी लाइट्स' ने खूब धूम मचाई थी और इससे उत्साहित होकर उन्होंने अपनी पहली बोलती फिल्म 'मॉडर्न टाइम्स' बनाने की योजना बनाई। हालाँकि बोलती फिल्मों की तकनीकी के साथ अपनी असहजता के कारण चार्ली ने इस फिल्म को आंशिक रूप से बोलती और आंशिक रूप से मूक बनाया। इस फिल्म के लिए चार्ली ने पोलेट गोडार्ड को बतौर नायिका चुना था। गोडार्ड बहुत खूबसूरत और काबिल अदाकारा थी। चार्ली और गोडार्ड का रिश्ता पेशेवराना होने के साथ अंतरंग भी था। चार्ली ने आत्मकथा में लिखा है कि उनके और गोडार्ड के रिश्तों का धरातल दोनों का अपने में तन्हा होना था। गोडार्ड ने 'मॉडर्न टाइम्स' के साथ-साथ चार्ली की सबसे अधिक चर्चित फिल्म 'द ग्रेट डिक्टेटर' में मुख्य अभिनेत्री का चरित्र भी निभाया था। सन् 1940 में 'द ग्रेट डिक्टेटर' आने के बाद और दोनों के अलग होते समय ही लोगों को पता चल पाया कि दोनों ने चुपके से चार साल पहले शादी कर ली थी।

चार्ली जब 54 साल के थे तो उनकी जिंदगी में ऊना ओनील ने कदम रखा।

ऊना अभी 18 साल की ही थी, लेकिन दोनों के बीच प्रेम ने खुद को यों अंकुरित किया कि चार्ली और ऊना गहरे फासले के बावजूद परिणय सूत्र में बँध गए। ऊना ने चार्ली का साथ जीवनपर्यंत निभाया।

फिर चार्ली के जीवन में ऐसा भी एक दौर आया जब वे सभा-गोष्ठियों में वामपंथी पक्ष लेते हुए दिखते थे। मीडिया ने उन पर रूसी एजेंट होने का आरोप लगाया। सेंसर बोर्ड ने उनकी अगली फिल्म 'मोंस्योर वेरडाउ' के प्रदर्शन को प्रतिबंधित कर दिया, पर बहुत छीछालेदर के बाद जब यह फिल्म सन् 1947 में रिलीज भी हुई तो मीडिया चार्ली पर निशाना साधता ही रहा। इस फिल्म के बारे में कोई विरोध नहीं था, लेकिन चार्ली के तथाकथित वामपंथी होने के विवाद और विरोध के नाम पर यह फिल्म पिट गई। चार्ली के जीवन में दस सालों का एक ऐसा कालखंड है, जिसमें अमेरिकी सरकार और मीडिया हमेशा उनकी आफत का कारण बनते रहे।

चार्ली की अगली फिल्म 'लाइमलाइट' सन् 1952 में रिलीज हुई। इसे भी अमेरिका में प्रतिबंधित कर दिया गया। हालाँकि दुनिया भर के दर्शकों ने इस फिल्म को खूब पसंद किया और इसने कमाई के मामले में अब तक के सारे रिकॉर्डों को ध्वस्त कर दिया। कुल मिलाकर ऐसी परिस्थितियाँ पैदा की गईं कि चार्ली को अमेरिका आने और वहाँ रहने से रोक दिया गया। अमेरिकी इतिहासकार हावर्ड, जिनका मानना है कि ऐसा करने के लिए बताया गया कारण कि चार्ली एक अंग्रेज थे और इतने साल अमेरिका में रहने के बावजूद उन्होंने यहाँ की नागरिकता नहीं ली थी, एक गलत कारण था। सरकार की यह दलील बस एक बहाना थी और वास्तव में यह एक राजनीतिक मामला था। उनकी ज्यादातर फिल्मों में वर्ग चेतना का विस्तार देखने को मिलता है। उन दिनों अमेरिका के सरकारी महकमे में एक ऐसा तबका भी था, जिसका रुख फासीवाद के प्रति नरम था। ऐसे समय में चार्ली ने 'द ग्रेट डिक्टेटर' जैसी घोर फासीवाद-विरोधी फिल्म बनाकर ऐसे लोगों का गुस्सा भी मोल ले लिया था। वैसे भी चार्ली की कई फीचर और ज्यादातर मूक फिल्मों को देखने से स्पष्ट हो जाता है कि किस तरह से इन फिल्मों का चरित्र विद्रोही किस्म का है और कैसे यह लोगों में पूँजीवादी औद्योगिक व्यवस्था में अविश्वास पैदा करता है। चार्ली की तमाम फिल्मों में अमानवीय मशीनीकरण की विसंगतियों के विरुद्ध और भूख, बेरोजगारी व लाचारी जैसे मुद्दों पर लोगों को सोचने-समझने के लिए मजबूर किया गया है।

भले ही चार्ली अपने आपको किसी तरह की राजनीति से हमेशा अलग बताते रहे, लेकिन उनकी फिल्मों के विषय और प्रस्तुतीकरण ने उनकी जनवादी राजनीति

का ढिंढोरा पीटना शुरू कर दिया था। हालाँकि उनके फिल्मों के व्यवसाय पर कोई असर न पड़े, इसलिए वे यह कहते फिरते थे कि मैं बस एक चीज हूँ और सिर्फ एक चीज और वह है—एक हँसी उड़ानेवाला इनसान। यह मुझे किसी भी राजनेता से कहीं ऊँचे मुकाम पर रखता है।

अमेरिका एक ऐसा देश है, जिससे चार्ली को बहुत प्रेम था और इसी प्रेम के चलते वे अपने वतन इंग्लैंड से भी दूर गए। लेकिन अमेरिका की बेवफाई ने चार्ली को अंदर तक हिला दिया था और अब वे अपने सारे नाते वहाँ से तोड़ लेना चाहते थे। उनकी बीवी ऊना ओनील ने भी अमेरिकी नागरिकता छोड़ दी थी। 'लाइम लाइट' का पेरिस और रोम में प्रीमियर करने के पश्चात् चार्ली लंदन लौटे, लेकिन लंदन में उन्हें ढंग की रिहाइश नहीं मिल पा रही थी। एक दोस्त की सलाह पर चार्ली ने स्विट्जरलैंड में बसने का मन बनाया। चार्ली जब अपनी बीवी ओनील और चार बच्चों के साथ स्विट्जरलैंड पहुँचे तो ओनील माँ बनने वाली थी। बड़ी हड़बड़ी में उन्होंने वेवेच के पास कोर्सिनर गाँव में एक मकान खोजा और अपना आशियाना फिर से बसाया। चार्ली ने अपनी बाकी की जिंदगी वहीं बिताई। उसी जगह पर रहते हुए चार्ली की मुलाकात जवाहरलाल नेहरू और इंदिरा गांधी से हुई थी। नेहरू उस वक्त भारत के प्रधानमंत्री थे।

चार्ली सन् 1952 से अमेरिका नहीं गए थे, लेकिन वे अपने वहाँ के स्टाफ का खर्चा उठा रहे थे। जब चार्ली इस स्थिति में नहीं रहे कि वे अमेरिका में होनेवाले खर्च को और वहन कर सकें तो उन्होंने अपने स्टाफ को अच्छा-खासा बोनस देते हुए अपनी सेवा से मुक्त कर दिया। बाद के दिनों में चार्ली ने दो फिल्में और बनाईं। वे थीं—'ए किंग इन न्यूयॉर्क' और 'ए काउंटेस फ्रॉम हांगकांग'।

चार्ली अपने आखिरी वर्षों में मीडिया से दूर रहने लगे थे। सन् 1977 के दिसंबर की 25 तारीख थी। यानी उस दिन क्रिसमस का त्योहार था। जब पूरी दुनिया हर्ष व उल्लास में उत्सव मना रही थी तब अपने रिटायर्ड जीवन को जी रहे इस महानायक ने चुपचाप ही दुनिया को अलविदा कह दिया।

□

चार्ली चैप्लिन के जीवन में स्त्रियाँ

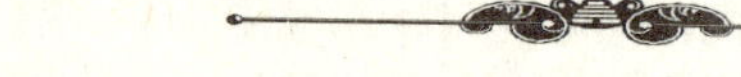

हैट्टी केली

हैट्टी केली से चार्ली को जीवन में पहली बार प्यार हुआ था। उस समय हैट्टी महज 15 साल की थी। सन् 1908 में जब चार्ली 29 साल के थे तब तक हैट्टी की शादी हो चुकी थी। ऐसा कहा जाता है कि चार्ली उससे बेहद प्यार करते थे और शादी करना चाहते थे। जब हैट्टी ने इनकार कर दिया तब चार्ली ने कहा था कि दोनों का फिर मिलना ठीक नहीं रहेगा। जीवन भर चार्ली के मन में प्रथम प्रेम की टीस बची रही और हर लड़की में वे हैट्टी की छवि ढूँढ़ने की कोशिश करते रहे। 1921 में जब उन्हें पता चला कि हैट्टी बीमारी की वजह से सन् 1918 में गुजर गई थी तो उनका दिल टूट गया था।

एडना यूरविएंस

मावेल नॉरमेंड के बाद एडना यूरविएंस चार्ली की फिल्मों की प्रमुख नायिका थी। सन् 1916-17 में एस्सेने और म्यूचुअल फिल्म्स की फिल्मों के दौरान एडना और चार्ली एक-दूसरे के प्यार में डूब रहे थे। सन् 1918 में जब

चार्ली ने मिल्ड्रेड हैरिस से विवाह कर लिया तो एडना के साथ उनका प्यार का रिश्ता टूट गया। सन् 1923 तक एडना चार्ली की फिल्मों में नायिका की भूमिका निभाती रही। सन् 1958 में अपनी मृत्यु से पहले तक एडना को चार्ली की तरफ से गुजारे की रकम मिलती रही थी। जीवन भर चार्ली और एडना एक-दूसरे की सराहना करते रहे थे।

मिल्ड्रेड हैरिस

29 वर्ष की उम्र में चार्ली ने 16 साल की मिल्ड्रेड हैरिस के साथ 23 अक्तूबर, 1918 को विवाह किया था। मिल्ड्रेड फिल्मों में बाल कलाकार की भूमिका निभाती रही थी। विवाह के बाद मिल्ड्रेड ने 7 जुलाई, 1919 को एक लड़के को जन्म दिया था, जिसका नाम नोमेन स्पैसर चैप्लिन रखा गया था। तीन दिनों के बाद ही बच्चे की मृत्यु हो गई थी। सन् 1920 में चार्ली ने मिल्ड्रेड से तलाक ले लिया। मिल्ड्रेड को जायदाद के अलावा गुजारा भत्ता के रूप में 1 लाख डॉलर मिले थे। तलाक के मुकदमे के दौरान चार्ली ने मिल्ड्रेड पर प्रसिद्ध अभिनेत्री एला नेजीमोवा के साथ समलैंगिक संबंध रखने का आरोप लगाया था।

पोला नेग्री

सन् 1922-23 में पोलैंड की अभिनेत्री पोला नेग्री हॉलीवुड पहुँची थी और चार्ली को उससे प्यार हो गया था। दोनों का प्रेम संबंध नौ महीने के बाद खत्म हो गया था। कई जीवनी लेखकों का कहना है कि प्रचार में बने रहने के लिए चार्ली ने पोला नेग्री से नाता जोड़ा था और एक ही समय में वे कई लड़कियों से रिश्ते बनाने में माहिर थे।

मेरियन डेवीस

सन् 1924 में चार्ली कम उम्र की लीटा ग्रे के प्यार में डूबे हुए थे। उसी समय

अफवाह फैली थी कि विलियम रेंडोल्फ हर्स्ट की जीवनसंगिनी अभिनेत्री मेरियन डेवीस से चार्ली को इश्क हो गया था। चार्ली ने कथित रूप से डेवीस से कहा था कि वह हर्स्ट को छोड़कर उनके साथ शादी कर ले, मगर डेवीस इसके लिए तैयार नहीं हुई थी और सन् 1958 में हर्स्ट की मौत के समय तक उनके साथ ही रही थी। सन् 1931 तक डेवीस के साथ चार्ली का रिश्ता बना रहा था।

लीटा ग्रे

'द किड' के निर्माण के समय चार्ली की मुलाकात लीटा ग्रे से हुई थी। तीन साल बाद जब चार्ली 35 साल के थे तब 16 साल की लीटा से उन्हें प्यार हो गया था। उस समय वे 'गोल्ड रश' बनाने की तैयारी कर रहे थे, जिसमें लीटा नायिका की भूमिका निभाने वाली थी। 26 नवंबर, 1924 को चार्ली ने लीटा से विवाह कर लिया। लीटा गर्भवती हो गई और 'गोल्ड रश' में भूमिका नहीं निभा पाई। लीटा ने चार्ल्स चैप्लिन जूनियर और सिडनी चैप्लिन नामक दो पुत्रों को जन्म दिया। यह विवाह सफल नहीं हो पाया। 22 अगस्त, 1927 को चार्ली और लीटा ने तलाक ले लिया। ऐसा माना जाता है कि लीटा के साथ चार्ली के विवाह की घटना से प्रेरित होकर नाबाकोव ने विश्वप्रसिद्ध उपन्यास 'लोलिता' की रचना की थी। तलाक के मुकदमे पर चार्ली को 10 लाख डॉलर खर्च करना पड़ा और लीटा को गुजारा भत्ते के रूप में 8 लाख 25 हजार डॉलर का भुगतान करना पड़ा। इस प्रकरण में मानसिक पीड़ा के चलते चार्ली के बाल सफेद हो गए थे।

मेरना केनेडी

मेरना केनेडी लीटा ग्रे की सहेली थी। वह एक नर्तकी थी। चार्ली ने उसे 'द सर्कस' की नायिका की भूमिका दी थी। शूटिंग के दौरान चार्ली और मेरना के बीच प्यार हो गया था। तलाक के मुकदमे में लीटा ने इस रिश्ते का इस्तेमाल सबूत के रूप में किया था।

जार्जिया हाल

'द गोल्ड रश' में लीटा ग्रे की जगह जार्जिया हाल को नायिका का किरदार दिया गया था। डॉक्यूमेंटरी सीरीज 'अननाउन चैप्लिन' में सन् 1980 में दिए गए साक्षात्कार में जार्जिया ने बताया कि वह बचपन से ही चार्ली पर फिदा थी और 19 साल की उम्र में चार्ली की फिल्म की नायिका बनने के बाद वह उनके प्यार में डूब गई थी। दोनों के बीच सन् 1928 से 1933 तक प्रेम संबंध बना रहा था। जार्जिया ने अपने प्रेम के बारे में एक पुस्तक 'चार्ली चैप्लिन : इंटीमेट क्लोज अप्स' भी लिखी है।

लुइस ब्रुक्स

लुइस ब्रुक्स एक संगीत मंडल की गायिका थी, जब चार्ली से उसकी मुलाकात हुई थी। चार्ली 'द गोल्ड रश' के प्रीमियर के सिलसिले में न्यूयॉर्क गए थे। लुइस और चार्ली के बीच सन् 1925 की गरमियों में दो महीने तक रोमांस चलता रहा था।

मे रीव्स

यूरोप के दौरे के समय सन् 1931-32 में चार्ली ने मे रीव्स को निजी पत्र व्यवहार का ध्यान रखने के लिए सचिव नियुक्त किया था। चार्ली को रीव्स से प्यार हो गया था और दौरे के समय दोनों अंतरंग बने रहे थे। जब चार्ली को पता चला कि उनके भाई सिडनी के साथ भी रीव्स का संबंध था तो उन्होंने उससे नाता तोड़ लिया।

पॉलेट गोडार्ड

चार्ली और अभिनेत्री पॉलेट गोडार्ड के बीच सन् 1932 से 1940 तक प्रेम संबंध बना रहा। गोडार्ड उस दौरान चार्ली के साथ ही रहती थी। चार्ली ने गोडार्ड को 'मॉडर्न टाइम्स' और 'द ग्रेट डिक्टेटर' में अहम भूमिकाएँ दी थीं। सन् 1940 में नाता टूटने पर दोनों ने ऐलान किया था कि 1936 में उन्होंने गुप्त रूप से शादी की थी। बाद में गोडार्ड वर्षों तक फिल्मों में काम करती रही और चार्ली की तरह जीवन के अंतिम वर्षों में स्विट्जरलैंड में जाकर रही, जहाँ 1990 में उसकी मौत हो गई।

जॉन बेरी

सन् 1942 में एक फिल्म के लिए कलाकारों का चयन करते समय चार्ली का जॉन बेरी से संबंध कायम हुआ था, जो कुछ दिनों तक ही चल पाया था। बेरी उन्हें परेशान करने लगी थी और मनोरोगी की तरह आचरण करने लगी थी। थोड़े दिनों का रिश्ता चार्ली के लिए दुःस्वप्न साबित हुआ। सन् 1943 में बेरी ने एक बच्चे को जन्म दिया और उसने चार्ली को पिता बताते हुए मुकदमा ठोंक दिया। रक्त परीक्षण से उसका दावा गलत साबित हुआ। बेरी के वकील ने कहा कि रक्त परीक्षण को

प्रमाण नहीं माना जा सकता। इस तरह चार्ली को क्षतिपूर्ति देने के लिए मजबूर किया गया। बाद में कानून में संशोधन कर रक्त परीक्षण के नतीजे को प्रमाण की श्रेणी में रखा गया।

उना ओ नील

जब चार्ली बेरी के साथ कानूनी लड़ाई लड़ रहे थे, उसी दौरान उनकी मुलाकात नाटककार यूगीन ओ नील की बेटी उना ओ नील से हुई थी। दोनों ने 16 जून, 1943 को शादी कर ली। तब चार्ली 54 वर्ष के थे, जबकि उना महज 18 साल की थी। उना जीवनपर्यंत चार्ली की वफादार पत्नी बनी रही। उसने आठ बच्चों को जन्म दिया। चार्ली की मृत्यु के बाद 14 वर्षों तक उना जीवित रही। कैंसर से पीड़ित होने की वजह से सन् 1991 में उना की मौत हो गई।

□

अपने पर हँसकर जग को हँसानेवाला कलाकार

प्रसिद्ध विचारक फेलथम का कथन है—'हास्य का मकसद गालों में गड्ढे पैदा करना होना चाहिए, भवों को ऊँचा करना नहीं।' चार्ली चैप्लिन ऐसे ही विलक्षण हास्य कलाकार थे, जिन्होंने बीसवीं सदी के आरंभिक समय में लाखों लोगों के गालों में गड्ढे पैदा किए। विश्व युद्धों और आर्थिक मंदी के दौरान चार्ली का गहरा प्रभाव अमेरिकी नागरिकों पर पड़ा। उन्होंने विभिन्न संकटों से गुजर रहे लोगों को हँसने के लिए मजबूर किया और जीवन के प्रति लोगों का नजरिया बदल दिया। भले ही चार्ली की फिल्में श्वेत-श्याम थीं, मगर अपने बेमिसाल अभिनय से उन्होंने आम आदमी के जीवन को इंद्रधनुषी रंगों से सराबोर कर दिया।

चार्ली चैप्लिन का जन्म 15 अप्रैल, 1889 को लंदन में हुआ था। उनके पिता का नाम चार्ल्स स्पेंसर चैप्लिन सीनियर और माता का नाम हाना हिल था। चार्ली को बोलने से पहले गाना सिखाया गया और चलने से पहले नाचना सिखाया गया। कम उम्र में ही चार्ली को बताया गया था कि वे दुनिया के मशहूर व्यक्ति बनने वाले हैं। उसी समय से चार्ली ने मशहूर व्यक्ति बनने का लक्ष्य चुन लिया था। वे अपने लक्ष्य तक पहुँचने के लिए कुछ भी करने के लिए तैयार थे। जब चार्ली 5 साल के थे तब मंच पर माँ की तबीयत बिगड़ जाने पर उन्होंने पहली बार दर्शकों के सामने गाया था। दर्शकों ने उनके गाने की सराहना की थी और खुश होकर पैसे उछाले थे। 8 वर्ष की उम्र में चार्ली एक नृत्य नाटिका 'एडट

लंकाशायर लैंड्स' में शामिल हुए थे। एक बार फिर दर्शकों ने उन्हें खूब पसंद किया और दर्शकों का भरपूर प्यार पाकर उनका उत्साह बढ़ता गया। सौतेले भाई सिडनी ने चार्ली को रंगमंच की दुनिया में काम दिलाने में सहायता की। कुछ ही वर्षों के भीतर चार्ली इंग्लैंड के सर्वाधिक लोकप्रिय बाल कलाकार बन गए।

चार्ली जब 12 साल के थे, तभी उनके पिता का निधन 9 मई, 1901 को हो गया। अत्यधिक शराब पीने के चलते चार्ली के पिता की मौत लंदन के सेंट थॉमस अस्पताल में हो गई थी। तब पिता की उम्र महज 37 साल थी। अपने पति के गुजरने के बाद चार्ली की माँ मानसिक संतुलन खोती चली गईं और उन्हें कई बार मानसिक चिकित्सालय में उपचार के लिए भरती किया गया। माँ की मानसिक स्थिति बिगड़ने पर चार्ली और सिडनी को यतीमखाने में वक्त गुजारना पड़ा।

चार्ली ने हर्न ब्वॉएज कॉलेज में दो वर्षों तक स्कूली पढ़ाई की थी। अपने जीवन में यही उनकी औपचारिक पढ़ाई थी। एक दिन चार्ली जब स्कूल में थे, उसी समय उनकी माँ की तबीयत बिगड़ गई और उन्हें मानसिक चिकित्सालय में भरती करवाना पड़ा। चार्ली को सड़कों पर वक्त गुजारना पड़ा और फिर यतीमखाने में दाखिल होना पड़ा।

जब माँ की तबीयत सुधरी तो वह बच्चों को यतीमखाने से वापस घर ले आई और सिलाई करके उनका पालन-पोषण करने लगी। 12 वर्ष से 14 वर्ष की उम्र के बीच चार्ली ने कई तरह की नौकरियाँ कीं। एक हज्जाम की दुकान में उन्होंने काम किया और अपनी फिल्म 'द ग्रेट डिक्टेटर' में उस अनुभव का प्रयोग किया। इसके अलावा चार्ली ने स्टेशनरी स्टोर, डॉक्टर के चैंबर, काँच के कारखाने और छपाईखाने में भी काम किया।

सन् 1903 से 1906 तक चार्ली ने 'शरलॉक होम्स' नाटक में पेपर ब्वॉय बिली का किरदार निभाया। 'शरलॉक होम्स' से निवृत्त होकर सन् 1906 में चार्ली माइम कलाकार के रूप में 'द केसी सर्कस' में शामिल हो गए, जहाँ उन्होंने साल भर काम किया। उम्र बढ़ने के साथ-साथ चार्ली की आवाज बदल रही थी और उन्हें अहसास हो रहा था कि उनके लिए अब रंगमंच पर बाल कलाकार के रूप में काम करना संभव नहीं रह गया था। चार्ली वौडे पिले रंगमंडल के साथ कार्य करने लगे, जहाँ उन्होंने हास्य अभिनय की अपनी आंतरिक प्रतिभा को निखारने पर ध्यान दिया। कुछ वर्षों तक इस रंगमंच में कार्य करते रहने के बाद 20 वर्ष की उम्र में हास्य अभिनेता के रूप में चार्ली अमेरिका पहुँच गए। अमेरिका में

उन्होंने सिनेमा जगत् के सर्वाधिक लोकप्रिय और यशस्वी कलाकार के रूप में अपने कैरियर की शुरुआत की।

सन् 1907 में चार्ली कार्नो पेंटोमाइम ट्रूप में शामिल हुए। सन् 1910 में उन्होंने कार्नोट्रूप के साथ अमेरिका और कनाडा का पहली बार दौरा किया। वे सन् 1913 तक कार्नो ट्रूप के साथ रहे। मई 1913 में चार्ली ने कीस्टोन फिल्म कंपनी के हिस्सेदार एडम केसेल के साथ प्रति सप्ताह 125 डॉलर के करार पर हस्ताक्षर किए। 29 दिसंबर, 1913 को उन्होंने कीस्टोन फिल्म्स के साथ प्रति सप्ताह 150 डॉलर के करार पर हस्ताक्षर किए। जनवरी 1914 में चार्ली ने अपनी पहली फिल्म 'मेकिंग ए लिविंग' का निर्माण किया। सन् 1914 में वे पूरे वर्ष भर कीस्टोन फिल्म्स के लिए काम करते रहे। फिर उन्होंने एसेने फिल्म्स के साथ सन् 1915 के दौरान 14 फिल्मों का निर्माण करने के लिए प्रति सप्ताह 1, 250 डॉलर के करार पर हस्ताक्षर किए। सन् 1915 में चार्ली ने पहली बार 'द ट्रैंप' फिल्म में ट्रैंप का मशहूर किरदार निभाया। फिल्म खट्टी-मीठी कॉमेडी थी, जिसके अंत में फिल्म का नायक अपनी प्रेमिका को खोने के बाद जीवन की राहों में तन्हा नजर आता है। ट्रैंप का किरदार सर्वहारा वर्ग का प्रतिनिधित्व करता था। छोटी मूँछें, ढीली-ढाली पतलून और अलग-सी चाल उस किरदार की पहचान बन गई थी। कई विशेषज्ञों का मानना है कि चार्ली ने ट्रैंप के किरदार के लिए जो वेशभूषा अपनाई थी, वह एक ऐसे अभिजात व्यक्ति को दरशाती थी, जिसे गरीबी झेलनी पड़ रही हो। उस किरदार के हाथ में घड़ी का होना खोई हुई मर्यादा को बचाने का प्रतीक था। इसी तरह मूँछें शान को जाहिर कर रही थीं। सिनेमा जगत् में कदम रखने के दो साल के भीतर चार्ली सिनेमा के सर्वाधिक मशहूर कलाकार बन गए।

27 फरवरी, 1916 को चार्ली ने म्यूचुअल फिल्म्स के साथ प्रति सप्ताह 10 हजार डॉलर का करार किया, जिसमें 1.50 लाख डॉलर की रकम उन्हें पेशगी के तौर पर मिली थी। 17 जून, 1917 तक चार्ली म्यूचुअल फिल्म्स के लिए काम करते रहे। फिर उन्होंने फर्स्ट नेशनल के साथ 10,75,000 डॉलर का सालाना करार किया। चार्ली उस समय अविवाहित थे। वे आकर्षक, अमीर और मशहूर थे। इसी दौरान वे 16 साल की अभिनेत्री मिल्ड्रेड हैरिस के प्रति आकर्षित हुए। 23 अक्तूबर, 1918 को उन्होंने हैरिस के साथ शादी कर ली। 1920 के दशक में चार्ली की लोकप्रियता चरम सीमा पर पहुँच चुकी थी और किसी भी फिल्म कंपनी के लिए उनका खर्च उठा पाना संभव नहीं रह गया था। इसलिए चार्ली

खुद ही अपनी फिल्मों का निर्माण करने लगे थे। चार्ली ने उन दिनों के दो लोकप्रिय कलाकारों—मैरी पिकफोर्ड एवं डगलस फेयरबैंक्स (जो चार्ली के घनिष्ठ मित्र भी थे) और निर्देशक डी.डब्ल्यू. ग्रीफिथ के साथ मिलकर यूनाइटेड आर्टिस्ट्स नामक फिल्म कंपनी बनाई थी। इस तरह सभी अपनी फिल्मों को निर्माण और वितरण कर सकते थे। चार्ली अपने सहयोगियों से हमेशा वफादारी की अपेक्षा रखते थे और हर मामले में उनका निर्णय ही अंतिम निर्णय माना जाता था।

जिन फिल्मों के कारण चार्ली को प्रसिद्धि मिली और विवाद भी पैदा हुए, उनमें प्रमुख थीं—'द किड' (1920), 'द गोल्ड रश' (1925), 'सिटी लाइट्स' (1931), 'मॉडर्न टाइम्स' (1936), 'द ग्रेट डिक्टेटर' (1940), 'मोन्स्यूर वरडोक्स' (1947) और 'लाइमलाइट' (1952)। इन फिल्मों के जरिए चार्ली विश्व के सबसे अधिक लोकप्रिय अभिनेता बन गए थे। 30 वर्ष की उम्र से पहले तक चार्ली का जीवन शांत, विवाद-मुक्त और मर्यादित किस्म का था। इसके बाद बोलनेवाली फिल्मों का युग शुरू हुआ। जब बोलनेवाली फिल्मों का निर्माण होने लगा तब चार्ली ने कहा, ''बोलनेवाली फिल्में विश्व की प्राचीनतम मूकाभिनय की कला को नष्ट कर रही थीं। ये फिल्में मौन के सौंदर्य को तबाह कर रही

हैं। ये परदे के उद्देश्य को ही नष्ट कर रही हैं।''

अमेरिका में आने के 40 साल बाद चार्ली पर कम्युनिस्ट होने का आरोप लगाया गया। चार्ली के पास इस आरोप को गलत साबित करने के लिए कोई सबूत नहीं था; लेकिन आरोप का विरोध करना उनका संवैधानिक अधिकार था। सीनेटर मेकार्थी केवल उनकी दलीलों पर यकीन करने के लिए तैयार नहीं था। 40 साल पहले चार्ली इसी अमेरिका में खुली हवा में साँस लेने के लिए आए थे। अब उसी स्वतंत्रता की चाहत में उन्हें अमेरिका छोड़कर जाना पड़ रहा था। खुफिया जाँच एजेंसी एफ.बी.आई. मान रही थी कि चार्ली 'साम्यवादी विचारधाराओं के प्रति सहानुभूति' रखते थे। एफ.बी.आई. उनके खिलाफ तथ्य जुटाने लगी थी। चार्ली के बारे में एफ.बी.आई. ने पचास 50 वर्षों तक जाँच-पड़ताल चलाई और 1900 से अधिक पृष्ठों की रिपोर्ट तैयार की। उन पर केवल कम्युनिस्ट होने का ही आरोप नहीं लगाया गया, बल्कि यहूदी होने का भी आरोप लगाया गया, क्योंकि उनके सौतेले भाई सिडनी तीन-चौथाई यहूदी थे। चार्ली के बारे में एफ.बी.आई. की राय सही नहीं थी। 15 अगस्त, 1922 को एफ.बी.आई. ने चार्ली के खिलाफ जाँच की शुरुआत उस समय की थी जब उसके एक एजेंट ने सूचना दी थी कि लॉस एंजेल्स के दौरे पर आनेवाले मजदूरों के नेता विलियम जेड फोस्टर का-चार्ली ने हार्दिक स्वागत किया था। चार्ली करोड़पति डी.सी. जेम्स के कारमेल में स्थित क्लिफसाइड मेंशन में अकसर मेहमान बनकर जाते थे। वहीं चार्ली का परिचय जेम्स के पुत्र डेन से हुआ, जो बाद में लेखक और साम्यवादी बना। चार्ली ने बाद में डेन को अपनी फिल्म 'द ग्रेट डिक्टेटर' का सहायक निर्देशक बनाया।

जब चार्ली से उनके कम्युनिस्ट होने के बारे में सवाल पूछा गया तो उन्होंने जवाब दिया, ''मैं कोई क्रांति लाना नहीं चाहता। मैं कुछ और फिल्में बनाना चाहता हूँ। मैं लोगों का मनोरंजन कर सकता हूँ।''

चार्ली के खिलाफ आरोप को सिद्ध करने के लिए एफ.बी.आई. ने कई गवाहों के बयान लिये और अपने आरोप के समर्थन में उसने 400 से अधिक पृष्ठों की फाइल तैयार की। 15 जनवरी, 1927 को चार्ली गंभीर रूप से नर्वस ब्रेकडाउन के शिकार हुए। तीन दिन के बाद उन्होंने 'न्यूयॉर्क टाइम्स' की एक रिपोर्ट देखी, जिसमें बताया गया था कि अमेरिकी सरकार उनकी संपत्ति जब्त करने के बारे में विचार कर रही थी। सन् 1933 में चार्ली तनाव की वजह से स्वाभाविक रूप से काम नहीं कर पा रहे थे। वे अवसाद में डूबे रहने लगे थे

और बात-बात पर उन्हें गुस्सा आने लगा था। असफलता का भय उन्हें परेशान करने लगा था। 1940 के दशक में जीवन में आए झंझावातों को वे इसलिए झेल पाए, क्योंकि उना के साथ उनका वैवाहिक जीवन खुशहाल और सफल साबित हुआ था।

सन् 1947 में फिल्म 'मोन्स्यूर वरडोक्स' के निर्माण के बाद 30 अप्रैल को चार्ली कैलिफोर्निया लौटे थे, मगर अगले छह हफ्ते तक वे स्टूडियो से दूर ही रहे थे। वे एकाकी, हताश और अपनी उपलब्धियों से असंतुष्ट लग रहे थे।

खूबसूरत युवा अभिनेत्री हेडा होपर एफ.बी.आई. की सबसे कारगर मुखबिर थी। एफ.बी.आई. ने चार्ली के फोन टेप करने के लिए खुफिया उपकरण होटल के कमरों में लगा रखे थे। सीमा चौकियों पर इंतजाम किया गया था कि चार्ली देश छोड़कर भागने में कामयाब न हो सकें। आखिरकार नवंबर 1948 में चार्ली का नाम सुरक्षा सूची में दर्ज कर दिया गया था। उनके खिलाफ कई आरोप लगाए गए थे, भले ही आरोपों को सिद्ध करने के लिए कोई प्रमाण एफ.बी.आई. के पास मौजूद नहीं था और फाइलों में केवल भ्रामक जानकारियों का संग्रह किया गया था। 29 दिसंबर, 1948 को एफ.बी.आई. इस नतीजे पर पहुँची कि चार्ली को कम्युनिस्ट सिद्ध करने के लिए कोई प्रमाण उसके पास मौजूद नहीं था। वह यह भी साबित नहीं कर सकती थी कि चार्ली कम्युनिस्ट पार्टी के सदस्य थे या उन्होंने कभी कम्युनिस्ट पार्टी की आर्थिक सहायता की थी।

25 अगस्त, 1952 को आप्रवासन विभाग के अधिकारी नाटो ने एफ.बी.आई. को फोन कर बताया कि चार्ली सितंबर में इंग्लैंड की यात्रा करने वाले थे। 9 सितंबर को एटॉर्नी जनरल मेकग्रेनरी ने जे. एडगर हूवर से मुलाकात की और कहा कि वह चार्ली की वापसी पर रोक लगाने के बारे में सोच रहा था। उसी दिन मेकग्रेनरी ने घोषणा की कि चार्ली को अमेरिका लौटने की इजाजत नहीं दी जाएगी। चार्ली ने अमेरिका लौटने की जगह यूरोप में बसने का फैसला किया।

यूरोप पहुँचकर चार्ली स्विट्जरलैंड में रहने लगे। वहाँ उन्होंने कहा कि अपनी पत्नी उना और बच्चों के साथ यश व विडंबना से दूर रहकर खुशहाल जिंदगी गुजार रहे थे। तीन असफल शादियों, प्रेम संबंधों और एफ.बी.आई. के झूठे आरोपों को झेलने के बाद चार्ली अपने जीवन में पहली बार खुद को सुखी महसूस कर रहे थे।

सन् 1957 में चार्ली ने लंदन में फिल्म 'द किंग इन न्यूयॉर्क' का निर्माण किया। इस फिल्म में अमेरिकी जीवन की विसंगतियों पर व्यंग्य किया गया था।

इसमें चार्ली ने अपने साथ किए गए सरकारी बरताव पर भी प्रहार किया था। इस फिल्म की वजह से एक बार फिर चार्ली पर कम्युनिस्ट समर्थक होने का आरोप लगाया गया; मगर चार्ली ने आरोप को पूरी तरह बेबुनियाद बताया।

सन् 1972 में चार्ली को विलक्षण हास्य कलाकार होने के नाते अकादमी पुरस्कार से सम्मानित किया गया। निर्वासन के बाद पुरस्कार ग्रहण करने के लिए चार्ली पहली बार अमेरिका आए थे। भारी संख्या में प्रशंसकों, कलाकारों, निर्माताओं और निर्देशकों ने उनका गर्मजोशी के साथ स्वागत किया था।

25 दिसंबर, 1977 को चार्ली ने स्विट्जरलैंड स्थित अपने आवास में दुनिया को अलविदा कह दिया। उस समय वे 88 साल के थे।

□

आरंभिक जीवन

चार्ली चैप्लिन का जन्म 16 अप्रैल, 1889 को लंदन में हुआ। उनका पूरा नाम चार्ल्स स्पेंसर चैप्लिन था। वे अपनी माता हाना की दूसरी संतान थे। चार्ली के पिता चार्ल्स और हाना ने जब विवाह किया, उस समय वे एक बच्चे की माँ थीं, जिसका नाम सिडनी था।

चार्ली के पिता एक कंसर्ट हॉल में गायक के रूप में काम करते थे। हालाँकि वे कोई बड़े गायक नहीं थे, उनका काम काफी अच्छा चल रहा था। हाना भी एक गायिका थीं। वे एक अद्‌भुत माइम कलाकार थीं। उनकी आवाज मधुर और आकर्षक, लेकिन अधिक ऊँची नहीं थी। वे 'हूट' कर दिए जाने और हँसी उड़ाए जाने के भय में जीती थीं, क्योंकि उन्होंने इस तरह की हरकतों से कलाकारों को मंच से और कभी-कभी अपने कार्यक्षेत्र से उखड़ते देखा था। हालाँकि चैप्लिन दंपती धनवान नहीं थे, फिर भी कंसर्ट हॉल में काम करने से उनकी गुजर-बसर आराम से हो जाती थी।

मनोरंजन की शुरुआत कंसर्ट कार्यक्रम पेश करनेवाले परिसरों के जरिए सड़क के पीछे खुले मदिरालयों में हुई थी, जहाँ गैर-पेशेवर कलाकार नाना प्रकार के कार्यक्रम प्रस्तुत किया करते थे, जिससे दर्शकों का मनोरंजन होता था, उनका मन बहल जाता था। अपने दर्शकों की तरह वे कलाकार भी इन सड़कों के पीछेवाले इलाकों के हुआ करते थे। यह जीवन संघर्षपूर्ण था, लेकिन हाना और चार्ल्स चैप्लिन जैसे प्रतिभाशाली व महत्त्वाकांक्षी युवाओं के लिए यह ख्याति और धन-दौलत हासिल करने का अवसर था—घरेलू नौकरों की हैसियत से या कारखानों में काम करने की तुलना में कहीं बेहतर अवसर।

उन्नीसवीं सदी के पहले दशक के उत्तरार्ध में ब्रिटेन में इस तरह के कंसर्ट कार्यक्रम पेश करनेवाले परिसरों की भरमार थी। इनकी संख्या 200 से अधिक थी, जिनमें से 36 तो अकेले लंदन में ही थे। ऐसे समय में जब रेडियो या टेलीविजन का प्रचलन नहीं हुआ था, प्रवेश शुल्क देने में सक्षम प्रत्येक व्यक्ति इन परिसरों में आकर ही अपना मनोरंजन किया करता था। ये ऐसे स्थान थे, जहाँ पहुँचकर लोग विक्टोरिया कालीन ब्रिटेन में आम जीवन के दु:ख-तकलीफों को भूल जाते थे। यहाँ वे आग निगलनेवालों व बलशाली लोगों के, नर्तकों और शेरों से काम लेनेवालों के, बाजीगरों तथा झूलों पर करतब दिखानेवाले कलाकारों, अभिनेताओं एवं जादूगरों के कार्यक्रमों का आनंद ले सकते थे—और इन परिसरों में गाए जानेवाले गीतों को उनके साथ-साथ गा सकते थे।

महारानी विक्टोरिया का ब्रिटेन समृद्ध व शक्तिशाली था और उनका साम्राज्य दुनिया भर में फैला हुआ था। लेकिन असीम संपदा के साथ-साथ देश में बहुत अधिक गरीबी भी थी। धीरे-धीरे स्थिति में सुधार हो रहा था। धनी लोगों को इस बात का कोई भय नहीं रह गया था कि 'निम्न वर्ग' ब्रिटेन को क्रांति के सैलाब में डुबो देगा, जैसा कि कुछ यूरोपीय देशों में हो चुका था; लेकिन लाखों की संख्या में लोगों को जीवित रहने के लिए भारी मुश्किलों का सामना करना पड़ रहा था।

विक्टोरिया कालीन लंदन गाड़ियाँ खींचनेवाले घोड़ों की टापों, मदिरा निर्माताओं के ठेलों, कोयला ढोने और दूध आपूर्ति करनेवाली गाड़ियों के शोर-शराबे से भरपूर था। सड़कों पर पूरी तरह रौनक रहती थी। युवतियाँ फूल बेचा करती थीं और पुरुष बैरल ऑर्गन बजाते दिखाई पड़ते थे, जबकि ऊपर बिजली के खंभों से छोटे-छोटे बंदर झूलते रहते थे।

अपनी माँ के साथ इन सड़कों से गुजरते हुए चार्ली ने घोर दरिद्रता देखी

थी—नंगे पाँव बच्चे, अंधे भिखारी, दरवाजों से सटकर बैठे हुए लोग; लेकिन अभी इन सब बातों का उनके लिए कोई अधिक महत्त्व नहीं था। फिलहाल तो उनका परिवार सुरक्षित और निश्चिंत था।

कार्यक्रमों के बीच में कंसर्ट हॉलों के कलाकारों को दर्शकों के साथ मदिरा पीने के लिए प्रोत्साहित किया जाता था, क्योंकि इनसे प्रबंधक अपने शराब घरों से ही अपना पैसा बनाते थे। चार्ली के पिता भी शराब पीते थे—और अन्य दूसरे कलाकारों की तरह मौज-मस्ती के लिए साथ देने की हद से गुजरकर वे पूरी तरह शराबी बन चुके थे।

उनकी शराबखोरी धीरे-धीरे, लेकिन निश्चित रूप से उनके दांपत्य जीवन को बरबाद करती जा रही थी। हाना अधिकाधिक चिंतित और आशंकित रहने लगी थी।

जब चार्ली के पिता एक रंगमंच के साथ अमेरिका के दौरे पर गए, हाना को नए दोस्त मिल गए। उनमें से एक लियो ड्राइडन था, जो अत्यंत सफल और आकर्षक गायक था। वह हाना में काफी दिलचस्पी लेने लगा था और हाना भी उसे अपना दिल दे बैठी थी। वह अपनी सुधबुध खो बैठी थी। अगस्त 1892 में हाना ने ड्राइडन के बेटे जॉर्ज ड्राइडन व्हीलर को जन्म दिया। तब तक लियो ड्राइडन ने उनकी थोड़ी-बहुत आर्थिक मदद की थी। लेकिन बच्चे का जन्म होते ही वह हाना की जिंदगी से गायब हो गया।

चार्ल्स के साथ भी हाना के वैवाहिक संबंध खत्म हो चुके थे और अब उनके पास पालने-पोसने को तीन बच्चे थे। चार्ली साढ़े तीन वर्ष के थे और सिडनी करीब आठ वर्ष का। वह हमेशा ही अत्यंत स्नेहशील, बच्चों की चिंता करनेवाली माँ रहीं। उन्हें अपने छोटे बच्चे से भी अपने बड़े बच्चों जितना ही गहरा लगाव था। वे लोग गरीब जरूर थे, लेकिन एक साथ थे।

तभी पहले से कोई सूचना दिए बिना एक दिन ड्राइडन घर आ धमका और छह महीने के जॉर्ज को छीनकर वहाँ से चलता बना। हाना कुछ नहीं कर पाईं।

हाना का बच्चा उनसे छिन गया था और उनका जीवन बरबाद हो गया था। उन्हें किसी तरह की कोई आमदनी नहीं थी और ऐसा भी कोई नहीं था, जिससे वह मदद माँगतीं।

अपनी सारी उम्मीदों पर पानी फिर जाने के बावजूद हाना ने हिम्मत नहीं हारी। माँ के बिना चार्ली विक्टोरिया कालीन लंदन की गरीबी में खो गए बच्चों में से एक भर रहे होते।

अकेली और गरीब हाना ने मन की शांति बनाए रखने के लिए धर्म का सहारा

लिया। उन्होंने घर पर काम करनेवाली नर्स की हैसियत से और अपने चर्च की महिलाओं के कपड़े सिलकर थोड़ा-बहुत पैसा कमाया। उन दिनों कठिनाइयों का सामना करनेवाले अन्य दूसरे लोगों की तरह उन्हें सबसे ज्यादा डर इस बात का था कि कहीं गरीबी उन्हें यतीमखाने में रहने के लिए मजबूर न कर दे।

हाना की आमदनी काफी नहीं थी और उन्हें इसका कोई-न-कोई बंदोबस्त करना था। वे कंसर्ट हॉल के श्रोताओं से भयभीत थीं। उनके पास अपनी प्रतिभा के अलावा और था भी क्या? निराश होकर उन्होंने फिर से मंच पर लौटने का फैसला लिया। लेकिन उनकी आशंका सही निकली। उनकी आवाज पूरी तरह बैठ चुकी थी।

गाना जारी रखने की बेचारी हाना की जी-तोड़ कोशिशें सीटियों, फिकराकशी और शोर-शराबे के सैलाब में डूब गईं। वे मंच से भाग खड़ी हुईं।

हो-हल्ला सुनकर मैनेजर की हिम्मत भी जवाब दे गई। उसकी नजर विंग्स में खड़े नन्हे चार्ली पर पड़ी। वह कुछ न होने से बेहतर था। उसने बालक चार्ली का हाथ पकड़ा और उसे रंगमंच के सामने की ओर लगी बत्तियों के पास ले गया। चार्ली उस समय 5 वर्ष के थे।

इस छोटे से बच्चे के मंच पर आते ही दर्शक जोर-जोर से हँसने लगे, जो रोशनियों के पीछे खड़ा आँखें फाड़-फाड़कर उनकी ओर देखे जा रहा था। लेकिन चार्ली तो पेशेवर कलाकारों और कला-प्रदर्शनों के बीच ही बड़े हुए थे। वे मंच पर जम गए और उन्होंने गाना शुरू कर दिया।

हो-हल्ला मचानेवाले श्रोता आनंदित हो उठे और उन्होंने मंच पर सिक्के उछालने शुरू कर दिए। उन्होंने चार्ली से एक और गीत सुनाने की फरमाइश की। चार्ली ने बड़े ही भोले अंदाज में जवाब दिया कि वे दूसरा गाना जरूर सुनाएँगे, लेकिन मंच पर पड़े सिक्के उठा लेने के बाद। उनकी यह बात सुनते ही पूरा हॉल ठहाकों से गूँज उठा।

मैनेजर द्वारा यह यकीन दिला दिए जाने पर कि मंच पर पड़े सारे सिक्के बटोरकर उन्हें दे दिए जाएँगे, चार्ली ने दूसरा गाना शुरू कर दिया। उन्हें बड़ा आनंद आ रहा था और वे तब तक नाचते-गाते रहे तथा तरह-तरह की नकलें उतारते रहे, जब तक हाना उन्हें मंच से ले नहीं गईं।

हाना को सार्वजनिक तौर पर केवल एक बार और अपना कार्यक्रम प्रस्तुत करना था; लेकिन चार्ली के लिए तो यह मनोरंजन के क्षेत्र में उनके कार्यक्रम की महज एक शुरुआत थी, जिसकी वजह से आगे चलकर वे विश्व-विख्यात हुए।

धीरे-धीरे हाना पहले अपनी छोटी-मोटी चीजों को और फिर उन चीजों को

बेचने पर विवश हो गईं, जिनकी उन्हें जरूरत थी। अगर उन्होंने ऐसा नहीं किया होता तो उनका जीवन अत्यंत दु:खद और दयनीय हो गया होता। उनका टूटा-फूटा कमरा जगमगाते हुए मंच में बदल गया लगता था। वे अपने दो नन्हे श्रोताओं के लिए गातीं और नाचतीं तथा उनके लिए नाटक प्रस्तुत करतीं। वे बच्चों को बाइबिल की कहानियाँ इस ढंग से सुनातीं कि उनकी आँखों से आँसू बहने लगते।

वे चार्ली व सिडनी को साफ-सुथरा रखने, उन्हें पहनने के लिए कपड़े और भोजन मुहैया कराने में ही सफल नहीं हुईं, बल्कि उन्होंने जैसे-तैसे उनके लिए अन्य दूसरी चीजें भी जुटाईं, जैसे—पढ़ने के लिए साप्ताहिक कॉमिक और नाश्ते में कभी-कभी हिलसा मछली। बच्चों को अच्छे कपड़े पहनाने की अपनी कोशिशों में हाना कोई ज्यादा सफल नहीं रहीं। अपनी पुरानी रंगमंचीय पोशाकों को काट-छाँटकर वे अपने बच्चों के लिए कपड़े बनातीं और जब वे लड़के भद्दी काट के अपने कपड़े पहनकर सड़क पर निकलते, तब लोग बड़ी बेरहमी से उन्हें सताया करते।

सिडनी अखबार बेचकर, घोड़ों द्वारा खींची जानेवाली बसों से छलाँग लगाकर और दौड़ते हुए सीढ़ियाँ चढ़कर कुछ अतिरिक्त पैसा कमाने की कोशिशों में लगा था। एक दिन बारिश से भीगे और खाली पड़े ऊपरी डेक पर उसे एक बटुआ मिला। उस पर किसी का नाम या पता अंकित नहीं था और वह रेजगारी से भरा लगता था। वह बटुआ लेकर घर पहुँचा। हाना को उसकी भीतरी जेब में सात गिन्नियाँ मिलीं।

हाना ने उस पैसे की मदद से एक दिन शानदार ढंग से बाहर गुजारने का फैसला किया।

वे दोनों बच्चों को भाप गाड़ी से समुद्र-तट पर ले गई—शंखमीन, पिपरमिंट रॉक, क्रीम भरे बन, नींबू के शरबत का आनंद लेने और मनोरंजन से भरपूर एक दिन गुजारने के लिए। लड़के एकदम नए कपड़े पहने हुए थे, जिन पर संगीत परिसर की 'प्रापर्टी बास्केट' का कोई चिह्न नहीं था।

पैसे की कमी की वजह से इस तरह के आनंद से भरपूर दिन बहुत कम और कभी-कभार ही गुजारने को मिलते थे। हाना ने बच्चों को सिखाया था कि पैसा न होने पर अपना मनोरंजन कैसे करना चाहिए।

वे खिड़की में बैठ जातीं और आने-जानेवाले लोगों को देखती रहतीं तथा इसके आधार पर उनके चरित्र, रंग-रूप तथा आचरण का अनुमान लगातीं। चार्ली और सिडनी को खुश करने के लिए उन पर कहानियाँ सुनातीं और उन दोनों को सुनातीं। नीचे सड़क पर उन्हें जो कुछ दिखाई देता, कभी-कभी वे उन सबकी नकल करके उन्हें दिखाती थीं। उनके हाथों और चेहरे के हाव-भावों से लड़कों की समझ

में सारा कुछ आ जाता था।

चार्ली ने लंदन के दृश्यों और आवाजों की तरह अपनी माँ की इस कुशलता को भी आत्मसात् कर लिया तथा जीवन-पर्यंत इसका इस्तेमाल किया। करोड़पति और विश्व-प्रसिद्ध अभिनेता बन जाने पर भी वे यही कहा करते थे कि यह उनकी माँ की प्रतिभा और उनके द्वारा सुनाई गई कहानियों पर आधारित उनका बचपन ही था, जिससे उन्हें अपने कार्यशील जीवन के लिए समुचित प्रशिक्षण मिला था।

यह छोटा सा परिवार बड़ा विचित्र था। ऐसा लगता था मानो उन्होंने अपने चारों ओर एक रक्षा-दीवार बना डाली थी और अब वह दीवार गिरती जा रही थी। हाना सिरदर्द की मरीज थीं। यह दर्द इतना बढ़ गया था कि उन्हें पूरा एक महीना अस्पताल में बिताने पर मजबूर होना पड़ा।

अब और कोई चारा नहीं था। सिडनी को यतीमखाने में जाना पड़ा। वहाँ से वह गरीब बच्चों के वेस्ट नॉर्वुड संस्थान के एक स्कूल में पढ़ने गया। उसके सभी स्कूल अच्छे ढंग से चलाए जाते थे और अपने समय के हिसाब से आधुनिक थे। लेकिन इन पर अभी भी खैराती संस्थान होने का ठप्पा लगा था। सिडनी तीन महीने तक उस स्कूल में पढ़ता रहा और फिर उसे उसके सौतेले पिता चार्ल्स को सौंप दिया गया, क्योंकि हाना की सेहत घर पर इन लड़कों की देखभाल करने लायक नहीं थी।

चार्ली को रिश्तेदारों के पास रहने के लिए भेज दिया गया और एक-दो हफ्ते में उन्हें भी स्कूल में भरती करा दिया गया। लेकिन वे सही ढंग से शिक्षा प्राप्त नहीं कर पाए।

हाना के पर्याप्त स्वस्थ हो जाने पर लड़के घर चले आए। लेकिन हाना को सिरदर्द ने दोबारा घेर लिया और उन्हें पुनः अस्पताल में दाखिल कराना पड़ा।

अधिकारी कुछ भी समझ पाने में असमर्थ थे। चार्ली के पिता की आर्थिक स्थिति खासी अच्छी थी, लेकिन वे अपने बच्चों का खर्च चलाने के लिए कुछ भी नहीं देते थे। ऐसे में केवल एक ही उपाय शेष रहता था। उनके पिता की गैर-मौजूदगी तथा उनकी माँ की गरीबी और बीमारी को देखते हुए लड़कों को हैन्वेल स्थित सेंट्रल लंदन डिस्ट्रिक्ट पुअर लॉ स्कूल में दाखिल करा दिया जाए।

इस स्कूल के नियम कड़े थे। वहाँ लड़कों को अपनी उम्र के अंतर के कारण अलग-अलग रहना था। इस समय चार्ली की उम्र 7 साल और सिडनी की उम्र 11 साल की थी।

सिडनी अपने छोटे भाई के लिए पिता समान था और अच्छे खाने, खेल के मैदानों तथा तरणताल से उनके एक-दूसरे से अलग रहने का दुःख कम नहीं हो

सकता था।

चार्ली के साथ सबसे खराब बात यह हुई कि उनके सिर में खारिश हो गई और उन्हें आयोडीन का लेप करने के लिए अपना सिर मुँड़वाना पड़ा। वे स्वयं को अछूत-सा महसूस करते थे। एक और चोट उनके दिल पर तब लगी जब शरारत करने के गलत आरोप में सजा के तौर पर उन्हें जोर से तीन बेंत लगाए गए थे। अपनी आत्मकथा में चार्ली ने लिखा है कि प्रतिकूल परिस्थितियों के बावजूद वे काफी खुश रहा करते थे।

हैन्वेल में अठारह महीने बिताने के बाद 18 जनवरी, 1898 को चार्ली अपनी माँ के पास घर आ गए। दो दिन बाद सिडनी भी वहाँ पहुँच गया। वे घोर गरीबी का जीवन जी रहे थे और लगातार मकान बदलते रहते थे। उनका नया मकान पहले से कहीं ज्यादा खस्ताहाल होता था।

जल्दी ही दोनों भाई फिर से यतीमखाने व स्कूल में आ गए। हाना को अपने बच्चों से मिलने की इजाजत नहीं थी; लेकिन वह भला नियमों से कब हार मानने वाली थीं। उन्होंने अधिकारियों को बताया कि उनके पास फिर से घर जमाने के लिए पर्याप्त धन था—यतीमखाने के दरवाजे पर सिडनी और चार्ली को उनके हवाले कर दिया गया।

वहाँ से वे सब पार्क की ओर चल दिए। यह एक सूखा हुआ मैदान था, जिसमें घास कहीं-कहीं दिखाई पड़ती थी। इसमें लगा हुआ एक म्यूनिसिपल फव्वारा इसकी एकमात्र शान था।

सिडनी ने 9 पैसे बचाए थे। काफी ना-नुकुर के बाद उसने आधे पौंड की काली चेरियाँ, 2 पेनी की चाय के साथ खाने का केक, 1 पेनी की हिलसा मछली खरीदी। तीनों ने यह सब पूरी ईमानदारी के साथ मिल-बाँटकर खा लिया। सिडनी ने अखबार व डोरी की मदद से एक गेंद बना ली और वे दोनों तब तक उस गेंद से खेलते रहे जब तक हाना ने उन्हें यह याद नहीं दिलाया कि घर लौटने का समय हो चुका था। हाना को फिर से यतीमखाने की शरण लेनी पड़ी।

हाना के पास नया घर जमाने का कोई साधन नहीं था। अधिकारी उनकी इस गुस्ताखी पर खिन्न थे। नियमावली में इस तरह की हरकतों के बारे में कुछ भी नहीं लिखा था। मजे की बात यह रही कि लड़कों को भी वह सप्ताहांत अपनी माँ के साथ यतीमखाने में गुजारना पड़ा।

दो सप्ताह बाद हाना को यतीमखाने से पुनः अस्पताल ले जाया गया।

नॉर्बुड स्कूल में उन लड़कों को यह खबर मिली कि उनकी माँ अपने दुःख-

तकलीफों से टूटकर आखिरकार पागल हो गई हैं और उन दोनों को उनके पिता के पास भेज दिया जाएगा। यह एक भयानक और दिल दहलानेवाला दिन था।

उन्हें डबलरोटियाँ सप्लाई करनेवाली गाड़ी से चार्ल्स के मकान तक पहुँचाया गया, जहाँ वे लुइस नामक एक दुःखी औरत के साथ रह रहे थे। लेकिन वह औरत व चार्ल्स दोनों अकसर शराब के नशे में धुत रहते थे और जैसा कि हाना पहले ही कह चुकी थीं, वह जगह दोनों भाइयों के रहने लायक नहीं थी। जिस समय चार्ल्स नशे में नहीं होते, वे हँसमुख रहते; लेकिन ऐसा विरले ही होता था। शराब पीकर मचाए जानेवाले ऊधम, हो-हल्ले और लड़ाई-झगड़े से दोनों लड़के आतंकित रहते थे।

एक रात जब चार्ली घर लौटे, उन्होंने मकान का दरवाजा बंद पाया। उनकी समझ में नहीं आ रहा था कि वे क्या कहें। सुबह होने में काफी देर थी और कोई ऐसा भी न था, जिसके पास वे चले जाते।

समय गुजारने के लिए वे गलियों के अँधेरे से बचते हुए सुनसान सड़कों पर बेमतलब घूमते रहे। लड़खड़ाते हुए शराबी उनसे टकराए, हँसते-चहचहाते जोड़े उनके करीब से गुजरे। खुली खिड़कियों से उन्हें बच्चों के रोने, गाने और चिल्लाने की आवाजें सुनाई दीं। लेकिन उन्हें तो अकेलापन खाए जा रहा था।

आखिरकार उन्होंने स्वयं को एक मदिरालय के सामने खड़ा पाया, जिसकी खिड़कियों के शीशों से रोशनी छनकर बाहर आ रही थी और जिसके खुले दरवाजे से पॉलिश की गई लकड़ी एवं चमचमाते पीतल की वस्तुओं की झलक देखने को मिल रही थी। अंदर गरमाहट और दोस्ती के वातावरण में बैठे लोगों के भाग्य पर ईर्ष्या करते हुए वे वहीं मँडराते रहे।

किसी ने क्लॉरनेट पर एक धुन बजानी शुरू की।

चार्ली मंत्रमुग्ध होकर उसे सुनते रहे। उन्हें वह जीवन की सबसे अच्छी व सुंदर धुन लगी और यह उन्हें जीवन के प्रति आश्वस्त करती प्रतीत हुई। लंदन के एक मदिरालय के बाहर गुजारे गए उन कुछ एक क्षणों ने उनके दिल के दरवाजे संगीत के लिए खोल दिए। उन क्षणों को वह कभी नहीं भूल पाए। आगे चलकर उन्हें भी तो दुनिया को आनंदित करनेवाली धुनों की रचना करनी थी।

हाना जीवटवाली महिला थीं। आशाओं के विपरीत किसी-न-किसी तरह वह जीवन के पथ पर आगे बढ़ने और दोबारा अपने बेटों के लिए घर जमाने के लिए पर्याप्त स्वस्थ हो गईं। वे सब एक कमरे में जाकर रहने लगे, जो अचार बनानेवाले

एक कारखाने के पिछवाड़े में था। इसके पास ही एक बूचड़खाना भी था। वहाँ भारी बदबू रहती थी, लेकिन परस्पर साथ रहने का आनंद ही कुछ और था। चार्ल्स ने हाना को कुछ रुपए भी भेजे थे—शायद यह सुनिश्चित करने के लिए कि लड़कों को फिर से उनके पास न भेजा जाए।

चार्ली को, उनकी इच्छा के विपरीत, स्कूल भेजा गया। वे पढ़ने-लिखने में बहुत अच्छे नहीं थे; लेकिन उनकी जिंदगी में उस समय विजय का एक क्षण आया, जब उन्होंने स्कूल में 'मिस प्रिसिलाज कैट' शीर्षक कविता सुनाई और सभी ने उसकी प्रशंसा की। उन्हें एक कक्षा से दूसरी में ले जाया गया, जिससे हर कोई उनके कविता-पाठ का आनंद ले सके। अचानक वे स्वयं को महत्त्वपूर्ण व्यक्ति महसूस करने लगे थे। अब वे फटीचर लड़का नहीं रह गए थे।

लेकिन 25 नवंबर, 1898 को चार्ली ने हमेशा-हमेशा के लिए स्कूल छोड़ दिया। अब वे 9 वर्ष के थे। उनका बचपन बीत चुका था।

हाना बाहर का काम करते हुए जैसे-तैसे घर चला रही थीं। उनका मालिक सप्ताह में एक बार कटे हुए ब्लाउजों की ढेरी सिलने के लिए उन्हें दे जाता था।

घर सारे दिन चलनेवाली सिलाई मशीन की खड़खड़ाहट और पैडल की आवाज से भरा रहता था; क्योंकि अगर हाना समय पर काम नहीं दे पातीं तो वह मशीन का किराया कैसे निकाल पातीं और घर चलाने के लिए पर्याप्त पैसा कैसे कमा पातीं ?

खाने का सामान पैसा हाथ में होने पर और वह भी थोड़ी-थोड़ी मात्रा में लाया जाता था। लड़के डिनर के लिए सब्जियाँ और गोश्त के टुकड़े या ठंडे गोश्त का स्वाद बढ़ाने के लिए थोड़ा अचार लाने के लिए खटाखट सीढ़ियाँ उतरकर बाहर दौड़ जाते थे। बासी केक का पैकेट भी उनके लिए बेशकीमती होता था।

सिडनी को मिलनेवाले पारिश्रमिक से भी मदद मिली। हमेशा की तरह फुरतीला सिडनी अब तार बाँटने का काम करता था। वह बंद गले की वरदी व हैट पहना करता था।

चार्ली को मालूम था कि उन्हें भी कोई-न-कोई काम करना होगा। लेकिन वे फैसला कर चुके थे। अपने पालन-पोषण के दौरान उनके मन में रंगमंचीय जीवन के बारे में कोई रोमानी धारणा तो मौजूद न थी, लेकिन वे मनोरंजन करनेवाले कलाकार बनना चाहते थे।

उनके पिता चार्ल्स अभी भी काम कर रहे थे, हालाँकि उनकी शराबखोरी

वास्तविक सफलता के उनके अवसरों को नष्ट करती जा रही थी। भले ही वे पिता के रूप में अच्छे न रहे हों, लेकिन इस क्षेत्र में अपने बेटे के लिए वे जरूर कुछ-न-कुछ कर सकते थे और इसके लिए उन्हें अपनी जेब से भी कुछ खर्च करने की जरूरत न थी।

उनके कहने पर विलियम जैक्सन नामक एक सज्जन चार्ली को 'लंकाशायर लैड्स' नामक अपनी बाल नृत्य-मंडली में लेने पर राजी हो गए। यह मंडली अन्य दूसरी मंडलियों से थोड़ी अलग थी, इसलिए इसे संगीत-परिसरों में भारी सफलता मिल रही थी।

यह एक महत्त्वपूर्ण फैसला था। जैक्सन अत्यंत दयालु थे, जो अपनी मंडली के सदस्यों का ध्यान रखते थे। लेकिन वे व्यावसायिक अनुशासन और अत्यंत ऊँचा स्तर बनाए रखने पर हमेशा जोर देते थे। यह बात मंच पर अपना भविष्य उज्ज्वल बनाने की दृष्टि से श्रेष्ठ थी। रिहर्सल एवं अपराह्न और सायंकालीन प्रस्तुतीकरण लड़कों को थका डालते थे, लेकिन वे सब पेशेवर कलाकार थे। उनका काम मनोरंजन करना और मुसकराते रहना था। उनके नृत्य में किसी तरह की कमी दिखाई देने पर विंग्स में खड़े जैक्सन उनका ध्यान उस ओर दिलाते थे और लड़कों के चेहरों पर फिर से मुसकराहट लौट आती थी।

उन दिनों के अनुभव के बारे में चार्ली ने कहा था, "इसमें संदेह नहीं कि वे कठिनाइयों से भरे दिन थे। कभी-कभी तो हम ('लंकाशायर लैड्स' मंडली के सदस्य) मंच पर ही पड़कर सो जाते थे; लेकिन विंग्स में जब हमारी नजरें जैक्सन से मिलतीं तो वह हमें देखकर तरह-तरह से मुँह बनाने लगते थे। वे तरह-तरह के इशारे और दूसरी अजीबोगरीब हरकतें करते हुए दिखाई देते थे जिसका अर्थ यह था कि वे चाहते थे कि हम चुस्त बनें और मुसकराएँ। प्रत्युत्तर में हम तत्काल मुसकराने लगते थे, लेकिन यह मुसकराहट धीरे-धीरे लुप्त हो जाती थी, और तब तक दोबारा नहीं उभरती थी जब तक हम फिर से जैक्सन की झलक नहीं देख लेते थे। उन दिनों हम बच्चे ही थे और बेजान शरीर में ओजस्विता पैदा करने की कला से अनभिज्ञ थे। लेकिन यह एक अच्छा प्रशिक्षण था—हमें कहीं अधिक कठिन कार्य अंजाम देने के लिए तैयार करनेवाला प्रशिक्षण, जिसके बाद कहीं जाकर सफलता की देवी प्रसन्न हो पाती है।"

'लंकाशायर लैड्स' मंडली के प्रस्तुतीकरणों में उस समय के कुछ महानतम कलाकारों ने काम किया था। चार्ली ने वहाँ जो कुछ देखा, उस सबको हृदयंगम कर लिया। क्रिसमस नाना प्रकार के कार्यक्रमों और फ्लाइंग बैले नृत्यों, चमचमाती

पोशाकें और हँसा-हँसाकर लोट-पोट कर देनेवाले प्रहसनों के रंगारंग पर्व में बदल जाता था। असुरों का देवता लाल धुएँ के बादलों में घिरे सितारे से गोली की तरह सरसराता हुआ मंच पर पहुँचता और साथ ही परी रानी भी भव्यतापूर्वक नीचे उतरती।

लेकिन चार्ली को इन अद्‌भुत दृश्यों के पीछे थकान, तनाव और चोटों का अहसास हुआ। वे उस दुनिया का अंग थे, जिससे मदिरा और ग्रीस पेंट की, धूल तथा पसीने की, बाघ एवं जल-सिंह की, गैस व लिनामेंट की गंध आती थी।

अभिनय जगत् में चार्ली के पहले कदम बड़े सफल रहे थे, लेकिन दो वर्ष बाद 'लैड्स' मंडली में उनका कार्यकाल समाप्त हो गया।

अब चार्ली रात को बैठ जाते और हाना को अपनी सिलाई मशीन पर झुके, लगातार ऊपर-नीचे जाती सूई के नीचे अपनी उँगलियों से कपड़ा सरकाते देखते रहते थे। थकान की वजह से हाना की आँखें लाल हो जाती थीं।

ऐसा लगता था कि चार्ली के लिए मंच के जादुई दिन खत्म हो चुके थे।

इसी समय उन्हें एक और चोट लगी। शराबखोरी की वजह से उनके पिता चार्ल्स स्पेंसर चैप्लिन का निधन हो गया। उनकी आयु सैंतीस 37 वर्ष की थी।

सिडनी समुद्री यात्रा पर निकला हुआ था। चार्ली को महसूस हुआ कि अपने भाई की गैर-मौजूदगी में घर का खर्चा चलाने के लिए उन्हें कुछ-न-कुछ कमाना चाहिए।

वे बाजार से सस्ते दामों पर नरगिस के फूल खरीदते, उनके एक-एक पेनी के गुलदस्ते बनाते और फिर उन्हें मदिरालयों के आसपास फेरी लगाकर बेच देते। उनके बाजू पर बँधे शोक-सूचक काले फीते और उनकी उदास आँखों को देखकर अनेक महिलाओं का दिल पसीज जाता और इस तरह उन्हें थोड़ी अधिक आमदनी हो जाती; लेकिन जब उनकी माँ को इस बारे में पता चला, उन्होंने चार्ली का यह काम बंद करा दिया।

उन्होंने चार्ली से कहा, ''शराब ने तुम्हारे बाप को मार डाला और मदिरालयों से मिलनेवाला यह पैसा हमारे लिए केवल बदकिस्मती ही लेकर आएगा, और कुछ नहीं।''

लेकिन उन्होंने चार्ली द्वारा लाए गए पैसे रख लिये।

यह 1901 का वर्ष था। 11 वर्षीय चार्ली काम ढूँढ़ने के लिए कृतसंकल्प थे। उन्होंने हर तरह का काम किया—छोटे-मोटे काम करनेवाला नौकर, डॉक्टर का

नौकर, परिचर और काँच फूँकनेवाला। वे काँच फूँकने का काम एक दिन ही कर पाए थे, क्योंकि भट्ठी की गरमी उनकी बरदाश्त से बाहर थी।

सिडनी अपना वेतन और इनाम के तौर पर मिला कुछ पैसा लेकर घर लौटा, जो गरमियाँ काटने के लिए काफी था। बड़ा होने पर उन दिनों के बारे में चार्ली ने कहा, 'ये हमारे केक और आइसक्रीम खाने के दिन थे।' चाय के साथ खाए जानेवाले केक, मछली और रोटियाँ—दिन सुंदर सपने की तरह बीत रहे थे। लेकिन जल्दी ही सिडनी को दोबारा काम पर जाना पड़ा—और फिर गरीबी आ गई।

चार्ली ने स्थानीय बाजार में अपने पुराने कपड़े बेचने की कोशिश की, लेकिन ये तो गए-गुजरे लोगों के लिए भी कहीं अधिक फटे-पुराने थे। उन्होंने लकड़ी की छोटी-छोटी नावें बनानी शुरू कीं, लेकिन सरेस की बदबू की वजह से हाना की सिलाई के लिए भी खतरा पैदा हो गया और खिलौना-नावें बनाने का वह काम बंद करना पड़ा।

हाना के स्वभाव में बदलाव आ रहा था। पहले घर में पैसे की चाहे जितनी भी तंगी रही हो, उनका मकान हमेशा साफ-सुथरा रहता था। लेकिन अब उनका मकान अधिकाधिक धूल भरा और बेतरतीब रहने लगा था। इसकी वजह न जानते हुए चार्ली कभी-कभी माँ को भला-बुरा कह देते थे। लेकिन यह उदासीनता नहीं थी, जिसकी वजह से हाना के स्वभाव में बदलाव आ रहा था।

गरमी के मौसम में एक दिन सुबह-सवेरे अपनी उबा देनेवाली और साबुन से ठसाठस भरी दुछत्ती से उकताकर चार्ली अपने दोस्तों से मिलने निकल गए। दोपहर के करीब वे टहलते हुए घर की ओर आ रहे थे कि कुछ बच्चों ने उन्हें रास्ते में रोक लिया और बताया, "तुम्हारी माँ पागल हो गई हैं। वे कोयले के टुकड़े बाँट रही हैं और यह कहती घूम रही हैं कि ये बच्चों के लिए जन्मदिन के उपहार हैं।"

चार्ली तेजी से सीढ़ियाँ चढ़कर ऊपर पहुँचे। उन्होंने अपनी माँ को खिड़की के पास अपनी पुरानी जगह पर बैठे पाया। उन्होंने चार्ली को घबराहट भरी नजरों से देखा।

"मैं सिडनी की राह देख रही हूँ। उसे मेरे पास आने ही नहीं दे रहे हैं।"

चार्ली पहले भी अपनी माँ को बीमारी की हालत में देख चुके थे। वह हालत इतनी खराब नहीं थी। चार्ली, जो अब 14 वर्ष के हो चुके थे, उन्हें अस्पताल ले गए। उन्होंने वहाँ तक का एक 1 मील का यह सफर अपनी माँ को अपने हाथों से पकड़े हुए तय किया, जो चलते हुए लड़खड़ा रही थीं। उनके करीब से गुजरनेवाले लोग उन दोनों को अजीबोगरीब नजरों से देख रहे थे, क्योंकि उन्हें लगता था कि हाना ने

शराब पी रखी थी।

एक ऊँची छतवाले कमरे में बैठे डॉक्टर ने हाना को ढाढ़स बँधाया और उनकी पूरी तरह से जाँच की। उसने चार्ली को बताया कि उनकी माँ वाकई बीमार थीं। हाना को अस्पताल में भरती कर लिया गया और छह दिन बाद उन्हें पागलखाने भेज दिया गया।

चार्ली नहीं चाहते थे कि उन्हें फिर किसी की देखरेख में रखा जाए, इसलिए उन्होंने अधिकारियों को बताया कि वे अपने रिश्तेदारों के पास जा रहे हैं। वास्तव में वे सिडनी के लौटने तक खाली कमरे में अकेले ही रहने चले आए थे।

पहले से भिन्न हाना ने उनके लिए अच्छा कुछ भी नहीं छोड़ा था। घर में उन्हें धुलाई के लिए भिगोए गए कुछ कपड़ों और आधा पैकेट चाय के अलावा आधी पेनी के 3 सिक्के मिले। खाने के लिए वहाँ कुछ भी नहीं था। मेज पर पिपरमिंट की गोलियों का एक छोटा पैकेट रखा था, जो हाना ने उसके लिए खरीदा था।

अगले हफ्तों के दौरान चार्ली लंदन की सड़कों पर उसी तरह अकेले घूमते रहे, जिस तरह वे उस दिन घूमे थे जिस दिन उनके पिता ने घर का दरवाजा उनके लिए बंद कर दिया था। उन्हें कुछ दोस्त-तबिया लकड़हारे मिल गए थे और चार्ली ने उनके लिए काम किया था। वह एक कंपनी थी और उसके मालिक ने रोटी और पनीर का चूरा खरीदने के लिए उन्हें पेंस दिए थे।

सिडनी के घर लौट आने पर दोनों भाई अपनी माँ से मिलने गए। उनमें आया बदलाव देखकर उन दोनों को धक्का लगा। अपने पुराने और परिचित वातावरण से दूर वे पूरी तरह खामोश और गुमसुम हो गई लगती थीं। अपनी उलझी हुई मानसिक स्थिति में उन्होंने चार्ली से जो बात कही, वह उनका काफी समय तक पीछा करती रही, ''अगर तुमने मुझे केवल एक प्याला चाय पिला दी होती तो मैं बिलकुल ठीक हो गई होती।''

चार्ली को हमेशा से यह विश्वास रहा था कि बुरे-से-बुरे समय में भी उनके भीतर कोई-न-कोई विशेष शक्ति सक्रिय रहती थी। अपनी मौजूदा तंगहाली और गरीबी के दौरान वे नए सिरे से शुरुआत करने को कृतसंकल्प थे। उन्होंने साहस जुटाया और लंदन के चोटी के एक थिएटर एजेंट से मिलने निकल पड़े।

क्लर्क ने उस 14 वर्षीय किशोर पर नजर डाली। चार्ली कम उम्र के थे, नाजुक चेहरा-मोहरा, छोटे-छोटे हाथ-पैर, सिर पर घुँघराले काले बालों की लटें और सुंदर दाँत। वे देखने में काफी सुंदर थे और स्फूर्तिवान् भी। उसने चार्ल्स स्पेंसर चैप्लिन का नाम अपनी डायरी में लिख लिया।

कुछ समय बाद चार्ली को एक पोस्टकार्ड मिला। धड़कते दिल से वे दफ्तर पहुँचे। हालाँकि उन्हें कोई अनुभव नहीं था, उनसे 'शरलॉक होम्स' नामक प्रस्तुतीकरण में किसी की भूमिका निभाने को कहा गया। प्रसिद्ध अभिनेता एच.ए. सेंट्सबरी इसमें मुख्य भूमिका निभा रहे थे। सेंट्सबरी के अपने नाटक 'जिम, ए रोमांस ऑफ कॉकेन' में भी एक भूमिका मिलने की संभावना थी, जिसका 'शरलॉक होम्स' के तैयार होने तक मंचन किया जाना था।

इस अभिनेता से मुलाकात करने के लिए चार्ली को अत्यंत विशाल और भव्य ग्रीनरूम क्लब भेजा गया। उनके जीवन ने उन्हें अत्यंत शरमीला बना दिया था—एक ऐसा व्यक्ति, जिसे लोग प्राय: एकाकी समझ लेते हैं। लेकिन वे सेंट्सबेरी को अच्छे लगे और उन्होंने उनसे सहज भाव से बातचीत की। चार्ली को दोनों भूमिकाएँ मिल गईं।

रिहर्सल चार्ली के लिए पूरी तरह नई चीज थी, क्योंकि उन्होंने अभिनय कभी नहीं किया था। लेकिन सेंट्सबरी धैर्यवान् थे और चार्ली सीखने के मामले में तेज। वे अपने संवाद मुश्किल से पढ़ पाते थे। लेकिन सिडनी उन्हें उनके संवाद पढ़कर सुनाते रहे और तीन दिन के भीतर वे उन्हें अच्छी तरह याद हो गए थे।

नाटक 'जिम' पूरी तरह असफल रहा। यह हतोत्साहित करनेवाली बात हो सकती थी, लेकिन समीक्षकों को नाटक की 'क्षतिपूर्ति करनेवाली एक विशिष्टता' मिल गई थी। वह विशिष्टता थी—चार्ली चैप्लिन!

एक ने लिखा—'मैंने इस लड़के को पहले कभी नहीं देखा, लेकिन मुझे आशा है कि भविष्य में वह भारी नाम कमाएगा।'

'शरलॉक होम्स' का प्रदर्शन 27 जुलाई, 1903 को विशाल पैवेलियन थिएटर में शुरू हुआ और कुछ ही दिनों बाद यह मंडली दौरे पर चली गई।

चार्ली रातोरात बदल गए लगते थे, मानो उन्हें वह काम मिल गया था, जिसे करने के लिए वे बने थे। स्नेहशील, सहृदय और योग्य सिडनी ने भी मंच पर ख्याति प्राप्त की; लेकिन उनके लिए तो यह एक काम था, उनके जीवन का मात्र एक हिस्सा। चार्ली के लिए उनका कार्य उनकी दुनिया था। शेष सब इसके किनारों के गिर्द घटता था।

उन्होंने प्रबंधक-मंडल को एक छोटी भूमिका सिडनी को देने पर भी राजी कर लिया। हाना की मानसिक स्थिति में थोड़ा सुधार हुआ और अपने दौरे के दौरान कुछ समय तक तीनों साथ-साथ रहे। हाना अपने लड़कों की सफलता पर बहुत

प्रसन्न थीं।

तीसरा दौरा व्यावसायिक दृष्टि से खराब रहा, क्योंकि प्रबंधक-मंडल बदल चुका था। एक तार-संदेश की वजह से चार्ली बच गए। उनसे एक नाटक में महान् अमेरिकी अभिनेता विलियम जिलेट के साथ एक भूमिका निभाने को कहा गया था। नाटक सफल नहीं रहा था; लेकिन जिलेट को चार्ली का काम इतना अच्छा लगा कि उन्होंने चार्ली को 'शरलॉक होम्स' शीर्षक अपने नए प्रोडक्शन में बिली की भूमिका दे दी।

इसका अर्थ था—लंदन के वेस्ट एंड तक पहुँच, और चार्ली अभी केवल सोलह वर्ष के थे।

चार्ली ने जिलेट से बहुत कुछ सीखा। वे एक अच्छे निर्माता और धैर्यवान् शिक्षक थे। उनके विचार में वास्तविक जीवन की घटनाओं को देखकर ही रंगमंच का विकास होता था। यह ऐसी बात थी, जिसे हाना और चार्ली अच्छी तरह समझते थे।

लेकिन हाना के लिए आगे बढ़ने का कोई रास्ता नहीं था। पागलपन, जिससे वे इतने लंबे समय तक जूझती रही थीं, फिर आया और इस बार पहले से भी अधिक उग्र रूप में। उनके बेटे बाहर गए हुए थे और दोस्तों ने उन्हें पागलखाने पहुँचाया। इस बार उनकी हालत में कोई सुधार नहीं हुआ। बीच-बीच में जब वे ठीक रहतीं, अपने बेटों को साहस बँधानेवाले पत्र लिखतीं, जिनमें वे स्वयं को प्रसन्न दिखाने की कोशिश करतीं और उन्हें अपना प्यार भेजतीं।

सिडनी इन दिनों 'रिपेयर्स' नामक प्रहसन में काम कर रहे थे। वह एक ऐसी झलकी थी, जिसमें ढेर सारा पानी, सीढ़ियाँ, बाल्टियाँ, गोंद, कागज और गिरना-लुढ़कना शामिल था। 'शरलॉक होम्स' की समाप्ति के बाद चार्ली भी उनके साथ काम करने लगे।

लगता था कि जीवन बड़ी तेजी से आगे बढ़ रहा था, मानो चार्ली क्षितिज से परे कहीं पहुँचने को उत्सुक थे। कुछ समय तक उन्होंने 'केसीज कोर्ट सर्कस' नामक अत्यंत लोकप्रिय कार्यक्रम में काम किया। दर्शकों ने उन्हें बहुत सराहा, विशेष रूप से तब जब वे संतुलन बनाए रखने के लिए एक टाँग फैलाकर मंच के कोनों पर फिसलते हुए दौड़ते थे।

लेकिन सफलता के पीछे असफलता का दौर भी तो आ सकता है। चार्ली एक यहूदी कलाकार के रूप में मंच पर उतरे। इस भूमिका में वे इतने खराब लगे कि

लोगों ने उन्हें हूटिंग करके मंच से ही भगा दिया। उन्होंने ऐसा अपनी माँ के साथ भी होते देखा था; लेकिन उनके लिए यह एक नया अनुभव था। वे मंच के पीछे खड़े हुए काँप रहे थे और दर्शकों के सामने दोबारा मंच पर नहीं उतरे।

इस बार उनकी मदद करने के लिए सिडनी की बारी थी। वे फ्रेड कार्नो के 'साइलेंट कॉमेडियंस' के सफल और उभरते हुए सितारे थे और उन्होंने अपने बॉस को चार्ली का बिना वेतन दो सप्ताह का ट्रायल लेने पर राजी कर लिया था।

उन्हें एक सहायक की भूमिका दी गई थी; लेकिन उनके लिए यह एक बड़ा अवसर था और वे इस बात को अच्छी तरह जानते थे। उनसे जो कुछ भी करने को कहा गया, उस सबकी तैयारी उन्होंने छोटी-छोटी ट्रिकें जोड़कर स्वयं ही की, जिससे दर्शक बहुत खुश हुए। उनकी यह बात दूसरे कलाकारों को अच्छी नहीं लगी; लेकिन कार्नो चार्ली की प्रतिभा को भाँप गए और उन्हें मंडली में शामिल कर लिया गया।

वे इतने बदल गए थे कि उनकी मंडली भी उन्हें देखकर उलझन में पड़ गई थी। लेकिन उनके एक सहकर्मी स्टैन लॉरेंस ने—जिन्होंने आगे चलकर ऑलिवर हार्डी के साथ काम किया और जो अपने समय की महानतम जोड़ी थी—उन्हें पसंद किया। उन्होंने देखा कि चार्ली शरमीले थे और पूरी गंभीरता के साथ अपने काम में लगे रहते थे। वे जानते थे कि दूसरे अभिनेताओं की तरह चार्ली भी हँसोड़, दयालु और उदार हो सकते थे।

यह 1908 का वर्ष था। चार्ली 29 वर्ष के हो चुके थे। वे प्रेमजाल में फँस गए। हैट्टी केली केवल 15 वर्ष की थी। इस प्रेम संबंध में चार्ली को असफलता हाथ लगी थी। लेकिन सुंदरी हैट्टी की स्मृति चार्ली के मन में आजीवन बनी रही।

□

पहला प्यार

सन् 1908 में जब चार्ली 29 वर्ष के थे और लंदन के उपनगर में रंगमंच पर किस्मत आजमा रहे थे, उसी दौरान उनके जीवन को प्रेम ने स्पर्श किया। यह एक वास्तविक और आदर्श किस्म का प्रेम था।

संभवत: सामाजिक उपेक्षा के शिकार होने के कारण चार्ली के लिए इस रिश्ते की अहमियत ज्यादा थी। संभवत: प्रथम प्रेमिका के दिल में जगह बना लेना उनके लिए किसी असंभव लक्ष्य को हासिल कर लेने की तरह था। ऐसा अधिकतर प्रतिभाशाली लोगों के जीवन में देखा जाता है कि वे चुनौतीपूर्ण अंदाज में किसी लड़की का दिल जीतने की कोशिश करते हैं।

एक रात चार्ली थिएटर के परदे के पास दूसरे कलाकारों के साथ खड़े थे और मंच पर अपनी बारी की प्रतीक्षा कर रहे थे। लड़कियों का एक समूह मंच पर नृत्य कर रहा था। उनमें से एक लड़की का पाँव फिसल गया और वह लड़खड़ाकर गिर पड़ी। सभी हँसने लगे और इस तरह दर्शकों का ध्यान लड़की की तरफ से बँटाने की कोशिश करने लगे। भूरी आँखोंवाली एक लड़की ने परदे की तरफ देखा। उसकी नजरें चार्ली की नजरों से टकराईं लड़की मुसकराई।

तन्हा नौजवान के लिए मानो वह मुसकराहट अत्यंत अर्थपूर्ण थी। चार्ली रोमांचित हो उठे। अचानक उन्हें इर्द-गिर्द के सतहीपन का खयाल नहीं रह गया। उनकी उत्तेजना उनके चेहरे पर नजर आने लगी। लड़की ने चार्ली का दमकता हुआ चेहरा देखा और शरमाकर नजरें दूसरी तरफ घुमा लीं।

लड़की जब मंच से वापस आई तो अपने नृत्य के अंतिम चरण में हिस्सा लेने से पहले उसने अपनी पोशाक चार्ली की तरफ उछाल दी और हाँफते हुए अनुरोध किया कि उसके लौटने तक वह पोशाक का खयाल रखे। चार्ली को यकीन नहीं

हुआ कि लड़की ने उन्हें इस काबिल समझा था। वे खुशी के साथ उस दायित्व को निभाने के लिए तैयार हो गए। उन्होंने चारों तरफ देखकर इत्मीनान कर लिया कि कोई उनकी तरफ देख तो नहीं रहा था, फिर लड़की की पोशाक को उन्होंने सूँघा, जिससे इत्र की मादक खुशबू आ रही थी।

लड़की पोशाक वापस लेने के लिए चार्ली के पास आई और उसने शुक्रिया भी कहा; मगर चार्ली के पास मानो बोलने के लिए शब्द नहीं रह गए थे। दोनों एक-दूसरे की तरफ देखकर मुसकराते हुए खड़े रहे। लड़की इंतजार कर रही थी कि चार्ली मौके का फायदा उठाकर उससे कुछ कहेंगे। वहीं चार्ली इस कदर संकोची थे कि मुसकराने के सिवा कुछ कह नहीं पा रहे थे।

लड़कियों के समूह का मैनेजर लड़कियों को लेकर पड़ोस के दूसरे थिएटर में जाना चाहता था। जब चार्ली ने देखा कि लड़की जाने वाली थी तो उनका ध्यान टूटा। उन्होंने लड़की के लिए दरवाजा खोल दिया। लड़की ने कहा, ''कल मुलाकात होगी। भूलना नहीं।''

लड़की जब दरवाजे से निकल रही थी तब चार्ली ने हिचकते हुए कहा, ''मैं नहीं भूलूँगा।'' इस बात को वे दोहराते रहे।

थिएटर से वापस अपने घर ग्लेनशोर मैसन लौटते हुए चार्ली मानो बादलों पर सवार होकर उड़ रहे थे। उन्हें लग रहा था कि जीवन भर वे उस लड़की की निगाहों को, मुसकराहट को, उसके कहे गए शब्दों को और उसकी पोशाक से निकलनेवाली इत्र की खुशबू को याद रखेंगे।

कई सप्ताह तक चार्ली की मुलाकात हैट्टी केली से नहीं हो पाई। दूसरे रंगकर्मियों से उन्होंने लड़की का नाम पूछ लिया था। केवल शाम के वक्त थिएटर में दोनों एक-दूसरे को आते-जाते हुए देख लेते थे। चार्ली को पता चला था कि हैट्टी अपनी माँ, भाई और बहन के साथ रहती थी। वे हैट्टी से कहीं साथ चलने के लिए अनुरोध करना चाहते थे। आखिरकार हिम्मत जुटाकर उन्होंने दिल की बात कह दी और उन्हें मायूस नहीं होना पड़ा। वह अगले रविवार की दोपहर केनिंगटन गेट के पास मुलाकात के लिए रजामंद हो गई। एक ही झटके में हैट्टी ने जिस तरह उनके अनुरोध को स्वीकार कर लिया था, उससे उनका मन अनुभूतियों से सराबोर हो गया था। एक तरफ उन्हें पिछले कई दिनों की हिचकिचाहट पर शर्म आ रही थी, वहीं उन्हें डर भी लग रहा था कि मुलाकात के दौरान वे हैट्टी को प्रभावित नहीं कर पाएँगे।

मिलने का वक्त चार बजे निर्धारित किया गया था, लेकिन उससे काफी

पहले चार्ली पहुँच गए थे। रंगमंच के फैशन के अनुरूप वे कोट, टोपी, छड़ी और पीले दस्ताने पहनकर पहुँचे थे। उनकी जेब में तीस 30 शिलिंग मौजूद थे।

इंतजार करते हुए उन्हें घबराहट भी महसूस हो रही थी। वे सोच रहे थे कि दिन के उजाले में मेकअप के बगैर लड़की किस तरह दिखाई देती होगी? क्या वे उसे ठीक से पहचान पाएँगे? मंच के कलाकार जब मेकअप नहीं लगाते तो सामान्य व्यक्ति की तरह नजर आते हैं। रोशनी और मेकअप की वजह से वह खूबसूरत दिखाई दे रही थी या हकीकत में भी वह उतनी ही खूबसूरत थी? चार्ली को लगा कि उन्हें लड़की का समूचा हुलिया अच्छी तरह याद नहीं था। उन्हें तो सिर्फ पोशाक की खुशबू, मुसकराती हुई भूरी आँखें और उसकी मादक आवाज याद रह गई थी। इससे अधिक उन्हें कुछ भी याद नहीं रह गया था।

जब वे इस तरह उधेड़बुन में डूबे हुए थे, तभी एक युवती को उन्होंने अपनी तरफ कदम बढ़ाते हुए देखा। कद-काठी से वह हैट्टी ही लग रही थी, उन्हें यकीन हो गया था। वह नजदीक आई। उनके दिल की धड़कनें तेज हो गईं। वही भूरी आँखें थीं, काले बाल थे; मगर लड़की घरेलू किस्म की नजर आ रही थी। जिस चकाचौंधवाले सौंदर्य की उन्होंने कल्पना की थी, वह दिखाई नहीं दे रहा था। उन्होंने अपने कंधे को झटक दिया और ऐसा भाव बनाया मानो उन्होंने लड़की की तरफ देखा नहीं हो। उन्होंने कनखियों से देखा, लड़की ने उन्हें कौतूहल भरी नजरों से देखा और आगे बढ़ गई।

उनके मन में जो पहेली पैदा हो गई थी, वह लंबे समय तक अनसुलझी ही रह सकती थी; मगर कुछ ही मिनटों में एक ट्राम आकर रुका। यात्रियों के बीच आसमानी कमीज पहने खूबसूरत लड़की को देखकर चार्ली के दिल की धड़कन तेज हो गई। वह हैट्टी थी। दिन के उजाले में वह रात की रोशनी की तुलना में ज्यादा खूबसूरत नजर आ रही थी।

उस रात हैट्टी के घर से लौटने के बाद चार्ली के हृदय में अनुभूतियों का सैलाब उमड़ने लगा था। हैट्टी ने उन्हें पसंद किया था! वे टेम्स नदी के किनारे दौड़ते हुए पूरी दुनिया को चीख-चीखकर बता देना चाहते थे कि उन्हें कितनी खुशी महसूस हो रही थी।

संभवत: चार्ली का प्यार हैट्टी के लिए एक सामान्य प्रेम प्रकरण की तरह था। यह उसके लिए कोई असामान्य घटना नहीं थी, मगर चार्ली के लिए यह प्रेम एक अद्‌भुत अनुभूति का नाम था। सौंदर्य के प्रेमी एक युवक को मानो स्वर्ग की सारी खूबसूरती मिल गई थी। उन्हें लग रहा था कि अब सही मायने में वे जी रहे थे।

चार्ली के अत्यधिक उत्साह को देखकर शायद हैट्टी आशंकित हो उठी थी। वास्तव में वह समझ नहीं पाई थी कि चार्ली के तन्हा जीवन में वह उम्मीद की रोशनी बनकर आई थी। वह यह समझ पाने में असमर्थ थी कि चार्ली ने अपने मानस पटल पर उसे देवी का स्थान प्रदान किया था और स्वयं उस देवी के प्रेम के पुजारी बन गए थे। माना जाता है कि कम उम्र की प्रेमिकाएँ खुद को देवी के रूप में स्थापित होना पसंद नहीं करतीं। यही वजह है कि अधिक उम्र के पुरुष उनका दिल जीतने में कामयाब हो जाते हैं। हैट्टी भी कुछ वैसे स्वभाव की लड़की थी। उसे चार्ली के प्रेम का अंदाज पसंद नहीं आया।

चार्ली प्रेम की पीड़ा को महसूस कर रहे थे। हैट्टी अपने ट्रूप के साथ कार्यक्रम पेश करने के लिए दूसरे शहरों की तरफ रवाना हो गई थी। दो सालों तक चार्ली और हैट्टी की मुलाकात नहीं हुई। मगर एक पल भी चार्ली हैट्टी को दिल से जुदा नहीं कर पाए थे।

हैट्टी के लंदन से जाने के दो साल बाद एक दिन चार्ली पिकाडली सर्कस से होकर गुजर रहे थे, तभी उन्होंने एक कार के हॉर्न की तेज आवाजें सुनीं। उन्होंने देखना चाहा कि कार के सामने कौन था। कोई भी नजर नहीं आया। उन्होंने गौर से देखा, वह एक महँगी कार थी, जो किसी रईसजादे की लग रही थी। उन्हें यकीन हो गया कि हॉर्न उनके लिए नहीं बजाया जा रहा था। वे सिर झुकाकर आगे की तरफ कदम बढ़ाने लगे, तभी उन्होंने कार की खिड़की से एक जानी-पहचानी आवाज सुनी, ''चार्ली!'' वह हैट्टी थी।

हैट्टी की शानो-शौकत देखकर चार्ली अचंभित हुए, साथ ही उन्हें घबराहट भी हुई कि कहीं हैट्टी ने शादी तो नहीं कर ली। हैट्टी के अनुरोध पर चार्ली कार में बैठ गए। कार उपनगर की तरफ बढ़ती जा रही थी, जहाँ हैट्टी की माँ रहती थी। गुमसुम मुद्रा में बैठे हुए चार्ली को हैट्टी अपनी समृद्धि के बारे में हँस-हँसकर बता रही थी। हैट्टी ने बताया कि उसकी बहन ने एक अमेरिकी करोड़पति से शादी कर ली थी। बस इतनी-सी बात थी—चार्ली ने राहत की साँस ली। उन्हें इस बात की खुशी हुई कि हैट्टी अभी भी उनके सपनों की रानी बनी हुई थी। हालाँकि जिस तरह की अमीरी के माहौल में हैट्टी रह रही थी, उसके चलते चार्ली के साथ उसकी दूरी और भी बढ़ने ही वाली थी।

''अब तुम अपने बारे में बताओ।'' हैट्टी ने अपनेपन के साथ कहा।

''कहने के लिए कुछ खास नहीं है।'' उन्होंने जवाब दिया, ''मैं अभी वहीं हूँ, किस्मत बदलने की प्रतीक्षा कर रहा हूँ। सोच रहा हूँ, जल्द ही अमेरिका जाकर

किस्मत आजमाने की कोशिश करूँ।''

''मैं तुमसे वहीं मिलूँगी।'' हैट्टी ने तपाक से जवाब दिया, ''मैं दीदी और जीजाजी के साथ न्यूयॉर्क जा रही हूँ।''

चार्ली ने ऐसा महसूस किया मानो हैट्टी की आँखों में उसके प्रति ललक का भाव कौंध रहा था। लेकिन जैसे ही उन्हें याद आया कि हैट्टी उन्हें छोड़ चुकी थी, वे मायूस हो गए। उन्होंने स्वाभिमान-मिश्रित आवाज में कहा, ''मेरी सेक्रेटरी मुलाकात का वक्त तय कर देगी।'' इतना कहकर वे हँसने लगे। हालाँकि वे जानते थे कि यह उनकी बनावटी अकड़ थी, जिसके जरिए वे अपनी बदहाली को छिपाने की कोशिश कर रहे थे।

हैट्टी उनकी बनावटी अकड़ से आहत हुई। उसने कहा, ''चार्ली, मैं सच कह रही हूँ। मैं तुम्हें बताना चाहती हूँ कि आज भी बीते हुए लम्हों को मैं याद करती हूँ।''

दो साल पहले गुजारे गए लम्हे का जिक्र सुनकर चार्ली के दिल में हूक-सी उठी। उन्हें लगा कि अभी भी हैट्टी के दिल में उनके लिए जगह बची हुई थी। वह सचमुच उन्हें याद कर रही थी।

चार्ली ने वह शाम केलीज हैट्टी, उसकी माता और भाई आर्थर केली उर्फ सोनी के साथ गुजारी। उस शाम किसी को पता नहीं था कि बहुत जल्द चार्ली सिनेमा की दुनिया के चमकते सितारे बनने वाले थे और हॉलीवुड में जाकर एक संस्थान में उपाध्यक्ष के पद पर काम करने वाले थे। उन्होंने सोचा भी नहीं था कि उनके सामने गर्दिश का मारा संकोची-सा युवक जो बैठा हुआ था वह बहुत जल्द ही अत्यंत दौलतमंद कलाकार बन जाने वाला था।

एक बार फिर हैट्टी और चार्ली ने एक-दूसरे को अलविदा कहा। हैट्टी अगले दिन पेरिस लौटने वाली थी। हैट्टी ने वादा किया कि वह खत लिखती रहेगी। उसने कुछ खत लिखे भी, फिर यह सिलसिला बंद हो गया।

चार्ली फ्रेड कार्नो कंपनी के साथ अमेरिका पहुँच गया। वहाँ पहुँचने पर उन्हें पता चला कि हैट्टी न्यूयॉर्क में थी। वह अपनी बड़ी बहन और बहनोई के साथ फाइव एवेन्यू की इमारत में रह रही थी। वे हैट्टी को फोन करना चाहते थे या खत भेजना चाहते थे; मगर संकोच की वजह से ऐसा नहीं कर पा रहे थे। उन्हें लग रहा था कि वे एक बदहाली के शिकार सामान्य मंचीय कलाकार थे, जबकि हैट्टी अपनी बहन की शादी अमीरजादे के साथ होने की वजह से अभिजात वर्ग का हिस्सा बन चुकी थी।

रात में मंच पर अभिनय करने के बाद चार्ली उस इमारत के सामने चहलकदमी करते रहते थे, जिसमें हैट्टी रहती थी; मगर उन्हें हैट्टी से मिलने की हिम्मत नहीं हो पा रही थी। चार्ली लंदन लौटे और रंगमंच में व्यस्त हो गए। इस तरह हैट्टी को लेकर दिल के भीतर जारी तूफान कुछ दिनों के लिए शांत हो गया। उन्होंने हैट्टी को भुलाने की पूरी कोशिश की।

तीन सालों के भीतर चार्ली सिनेमा जगत् के करिश्माई कलाकार बनकर उभरे। वे न्यूयॉर्क पहुँचे, जहाँ उन्होंने पहली बार '10 लाख डॉलर' के अनुबंध पर हस्ताक्षर किए। अब उन्हें महसूस हो रहा था कि वे हैट्टी से मुलाकात करने के लायक हो चुके थे। उनके बीच अमीर-गरीबवाला अंतर नहीं रह गया था, क्योंकि अब वे भी अमीर बन चुके थे। वे हैट्टी की हर मुराद पूरी करने की हैसियत रखते थे। अपने होटल के कमरे में चार्ली इसी तरह की बातें सोचते रहे थे। लेकिन वे तय नहीं कर पा रहे थे कि हैट्टी तक अपने दिल की बात किस तरह पहुँचाई जा सकती थी।

रातोरात प्रसिद्धि हासिल करने की वजह से पत्र-पत्रिकाओं के रिपोर्टर लगातार उनके पीछे पड़े रहते थे। सभी उनसे साक्षात्कार लेना चाहते थे और उनकी प्रसिद्धि को भुनाना चाहते थे। पत्रकारों की नजरों से बचते हुए चार्ली फाइव एवेन्यू की इमारत के सामने टैक्सी में चुपचाप बैठे रहते थे। उन्हें उम्मीद रहती थी कि इस तरह हैट्टी से मुलाकात हो सकती थी।

आखिरकार एक हद तक उनका इंतजार रंग लाया। हैट्टी तो नहीं, उसके भाई सोनी से उनकी मुलाकात हुई, जो एक शाम 6 बजे इमारत से बाहर निकला। चार्ली से मिलकर वह खुश हुआ। उसने चार्ली को एक रेस्टोरेंट में डिनर के लिए आमंत्रित किया।

बातचीत के दौरान हैट्टी का जिक्र नहीं हो रहा था। चार्ली अपनी कमजोरी का इजहार करना नहीं चाहते थे। दूसरी तरफ सोनी जानता था कि हैट्टी को लेकर चार्ली किस कदर जज्बाती थे। लेकिन काफी देर तक चार्ली अपनी बेसब्री को रोक नहीं पाए और उन्होंने पूछा, "तुम्हारी बहन हैट्टी कैसी है?"

सोनी इस सवाल की उम्मीद कर रहा था। उसने गहरी साँस लेते हुए कहा, "वह ठीक है। तुम तो जानते ही होगे, उसकी शादी हो चुकी है और वह इंग्लैंड में रहती है।"

जिस झटके की आशंका चार्ली के मन में कई सालों से बनी हुई थी, वही झटका उन्हें लगा था। हैट्टी की शादी हो चुकी थी। चार्ली का आहत होना

स्वाभाविक था, भले ही उनके मन में इस तरह की आशंका पहले से बनी हुई थी।

चार्ली होटल के कमरे में लौटे और अपना सामान समेटकर हॉलीवुड रवाना हो गए। गरीबी और बदहाली से उबरकर जो प्रसिद्धि और अमीरी उन्होंने हासिल की थी, उसका कोई अर्थ नहीं रह गया था। उनके सुख में हैट्टी भागीदार बनने वाली नहीं थी।

प्रत्येक दिन अपने नाम आनेवाले सैकड़ों प्रशंसकों के पत्रों के ढेर में वे हैट्टी की लिखावटवाले पत्र को ढूँढ़ते थे। जब वह जानी-पहचानी लिखावट नजर नहीं आती थी तो वे मायूस हो जाते थे। लेकिन एक दिन ऐसा आया, जब उन्होंने हैट्टी के खत को पहचान लिया। काँपते हाथों से उन्होंने लिफाफे को खोला। उसमें हैट्टी का ही हस्ताक्षर था, जिसमें खासतौर पर 'श्रीमती' लिखा हुआ था।

पहले उन्हें निराशा महसूस हुई, फिर अपनी कमजोरी को लेकर ग्लानि का भाव महसूस हुआ।

"प्रिय चार्ली, मैं अकसर तुम्हारे बारे में सोचती रही हूँ, लेकिन कभी अपने जज्बातों को खत में उड़ेलने की हिम्मत नहीं जुटा पाई। और तुम? शायद इसीलिए तुमने मुझसे दोबारा मिलने की जरूरत नहीं समझी।" तो यह बात थी! वह चाहती थी कि चार्ली अपनी तरफ से पहल करें, लेकिन चार्ली दयनीय हीनता—बोध की वजह से अपने जीवन की सबसे प्रिय चीज को हासिल करने की ठोस पहल नहीं कर पाए। उन्हें लगा कि हैट्टी खुश नहीं थी। हालाँकि खत में उसने खुलकर कुछ नहीं लिखा था, मगर ऐसा लग रहा था मानो वैवाहिक जीवन से हैट्टी खुश नहीं थी। चार्ली इसी तरह की बातों की कल्पना कर रहे थे। खत में लिखा था—"एक-न-एक दिन तुम जब लंदन आओगे तो जरूर मुलाकात होगी।"

इंग्लैंड के साउथेंपटन बंदरगाह पर जब चार्ली जहाज से उतरे तो उनका भव्य स्वागत किया गया। कभी ऐसी भीड़ नहीं उमड़ी थी जैसी चार्ली का स्वागत करने के लिए उमड़ी थी। लंदन तक के रास्ते में जन-समूह ने चार्ली का हार्दिक स्वागत किया। हजारों पत्र और तार चार्ली को सौंपे गए। पुलिस की घेराबंदी को तोड़कर प्रशंसक चार्ली के करीब पहुँचने की कोशिश कर रहे थे। लोग उन्मादित हो रहे थे। वे चार्ली की एक झलक देखना चाहते थे, उन्हें छूना चाह रहे थे, उनसे बातें करना चाहते थे। उसी भीड़ में एक व्यक्ति शामिल था, जिसने गर्मजोशी के साथ चार्ली से हाथ मिलाया। वह व्यक्ति सोनी केली था। चार्ली के साथ सफर करते हुए सोनी ने बताया कि चार्ली जैसे विश्वविख्यात कलाकार को देखने के लिए लोग उन्मादित हो उठे थे। लंदन में स्टेशन से होटल तक के रास्ते के दोनों तरफ भीड़ चार्ली का स्वागत

करने के लिए खड़ी थी।

यह सब सुनते हुए चार्ली बेताब हो रहे थे कि जल्द ही उनकी मुलाकात हैट्टी से होने वाली थी। उन्होंने अपने आपसे कहा कि भले ही वे विश्वविख्यात कलाकार बन चुके थे, अब वे रंगमंच पर संघर्ष करनेवाले अभिनेता नहीं रह गए थे, अब कामयाबी उनके कदमों को चूम रही थी। इसके बावजूद वे शालीन और विनीत बने रहना चाहते थे। उन्होंने सीखा था कि समृद्धि के नशे को कभी सिर पर सवार नहीं होने देना चाहिए।

अचानक उनका ध्यान टूटा। उन्होंने सोनी की तरफ देखा, जो उदास और तनावग्रस्त नजर आ रहा था, मानो सबकुछ ठीक-ठाक न हो।

चार्ली ने पूछा, ''क्या हैट्टी शहर में है ?''

और तब चार्ली को सोनी की आँखों में दर्द का भाव उमड़ता हुआ नजर आया।

सोनी ने कहा, ''मुझे लगा, तुम जानते होगे। तीन हफ्ते पहले हैट्टी की मौत हो गई।''

चार्ली लुटे-पिटे अंदाज में सोनी की तरफ देखते रह गए।

□

सफलता के पथ पर

फ्रेड कार्नो एक रूखे, अज्ञानी और क्रूर व्यक्ति थे; लेकिन कॉमेडी भली-भाँति समझते थे। उन्होंने चार्ली को सिखाया कि मनोभावनाओं को शामिल करके हास्यप्रद स्थिति और अधिक प्रभावशाली बनाई जा सकती है। यह एक ऐसी चीज थी, जिसे चार्ली ने अपनी फिल्मों में बार-बार इस्तेमाल किया।

जब सन् 1910 में कार्नो अपने वार्षिक अमेरिकी दौरे पर रवाना हुए, चार्ली को भी उस मंडली में शामिल किया गया। उन्हें अमेरिकियों के बीच बेहद सफलता मिली।

उनके बारे में कहा गया, ''वे यहाँ आनेवाले श्रेष्ठ पैरामाइप कलाकारों से हैं।'' मंडली 21 महीने बाहर रही और घर लौटने पर चार्ली को पता चला कि सिडनी का विवाह हो चुका था। अगला अमेरिका दौरा 5 महीने बाद शुरू हुआ; लेकिन जिस ढंग से इसकी व्यवस्था की जा रही थी, उससे चार्ली अधिकाधिक असंतुष्ट होते जा रहे थे। फिर भी यह दौरा अत्यंत सफल रहा और चार्ली को भारी सफलता मिली।

मंडली फिलाडेल्फिया पहुँची ही थी कि उसे एक तार मिला—

''क्या आपकी मंडली में शॉफिन या इससे मिलते-जुलते नाम का कोई व्यक्ति है ? अगर है तो वह केस्सेल और बाउमंत से संपर्क स्थापित करे।''

उलझन में फँसे चार्ली को इन रहस्यपूर्ण व्यक्तियों से मिलने के लिए न्यूयॉर्क पहुँचने में एक दिन लग गया। उन्हें यह जानकर आश्चर्य हुआ कि दोनों उनका अभिनय देख चुके थे और इसी आधार पर उन्हें कीस्टोन फिल्म कंपनी में एक अन्य अभिनेता के स्थान पर काम करने को कहा जा रहा था।

यह मई 1913 की बात थी। चार्ली का जीवन अब पूरी तरह बदलने वाला था।

सिनेमा—काइनेमेटोग्राफ (चलचित्रदर्शी) का आविर्भाव भी उसी वर्ष हुआ था, जिस वर्ष चार्ली का जन्म हुआ था। पहले-पहल तो दर्शक चलती-फिरती तसवीरें देखकर भौंचक्के रह गए थे। ऐसी फिल्मों के दृश्यों की अवधि छोटी ही होती थी। लेकिन सन् 1913 में सिनेमा एक बड़े व्यवसाय का रूप लेने लगा। कीस्टोन फिल्म कंपनी उन कंपनियों में से थी, जो लोगों की माँग पूरी करने के लिए वृत्तचित्र बनाने में लगी हुई थी। लेकिन लोगों का अभी तक यही मानना था कि यह एक अस्थायी सनक है और फिल्में नाच-गाने का स्थान कभी नहीं ले पाएँगी।

उन दिनों स्टूडियो आज की तरह खुले-खुले और विशाल नहीं थे। 'चैप्लिन, हिज लाइफ एंड आर्ट' शीर्षक जीवनी में डेविड रॉबिंसन ने उस स्टूडियो का वर्णन किया है, जिसकी ओर चार्ली के कदम बढ़ रहे थे—

"150 वर्ग फीट का एक क्षेत्र हरे तख्तों की बाड़ से घिरा था। यहाँ बीचों बीच एक मंच बना था, जिसे धूप से बचाने के लिए सफेद परदा लटकाया गया था। पास ही मौजूद एक पुराने बँगले में दफ्तर और महिलाओं के ड्रेसिंग रूम थे। कृषि विभाग की कुछ एक इमारतों को पुरुषों के ड्रेसिंग रूम के रूप में इस्तेमाल किया जाता था।"

ऐसा था यह स्टूडियो।

साउंड का कोई काम न था, लेकिन रोमांस से भरपूर फिल्मों में अभिनेताओं का मूड बनाने के लिए कभी-कभार एक छोटा सा ऑर्केस्ट्रा किराए पर मँगवा लिया जाता था। 'हैंडक्रेक' कैमरे एक जगह पर स्थित थे। अभिनेता को कैमरे का आदेश मानना पड़ता था, न कि कैमरे को अभिनेता का।

फिल्मों की अधिकांश शूटिंग बाग में या स्टूडियो के बाहर सड़कों पर की जाती थी। शुरू-शुरू में सबकुछ धूप पर निर्भर करता था, क्योंकि उन दिनों स्टूडियो में प्रकाश की व्यवस्था नहीं थी।

कीस्टोन फिल्म कंपनी का प्रस्ताव पाकर चार्ली फूले नहीं समाए थे; लेकिन अब जबकि वे वाकई हॉलीवुड में थे, उनकी समझ में नहीं आ रहा था कि उनका यह निर्णय सही था या गलत। आखिरकार वे मंच पर काम करनेवाले एक हास्य कलाकार ही तो थे। कई दिनों तक स्टूडियो जाने की उनकी हिम्मत ही नहीं हुई। अपने नए बॉस सेनेट का फोन आने पर ही वे स्टूडियो पहुँचे।

वहाँ उन्होंने जो कुछ देखा, उस सबसे उनकी हिम्मत पूरी तरह पस्त हो गई। उनका हास्य अभिनय हमेशा से ही रिहर्सल, उपयुक्त समय-निर्धारण और चतुराई भरे तथा सोचे-समझे प्रभाव पर निर्भर करता आया था। कीस्टोन कंपनी को इन बारीकियों में कोई विश्वास नहीं था।

कीस्टोन की कॉमेडियाँ भोंडापन, पीछा करने के लिए अंधाधुंध दौड़-भाग और भद्दे मेकअप पर निर्भर करती थीं। लेकिन चार्ली हार मानने वाले नहीं थे। उन्हें कई सप्ताह तक यों ही लटकाए रखा गया और उन्होंने यह समय वह सब देखने तथा उसे सीखने में लगाया, जो उन दिनों वहाँ चल रहा था। वे इस नई विधा में दक्षता प्राप्त करने के लिए कृतसंकल्प थे। इससे उन्हें पैसा और सफलता अर्जित करने का अवसर मिल रहा था। साथ ही उन्हें सामने बैठे दर्शकों के मनमौजी व्यवहार से मुक्ति मिल गई थी, जिसके बारे में पहले से कुछ भी कह पाना असंभव था।

फरवरी 1914 में चार्ली की पहली रिलीज होनेवाली फिल्म एक रील की थी, जो करीब 45 मिनट की अवधि की थी। उसका शीर्षक था—'मेकिंग ए लिविंग', हालाँकि उन्हें फिल्मों के बारे में कम ही जानकारी थी। वे कॉमेडी समझते थे और उसी समय भाँप गए थे कि फिल्म का निर्देशक पूरी तरह अयोग्य था। फिल्म पूरी हो जाने पर अपनी भूमिका देखकर उन्हें बेहद निराशा हुई। उन्होंने जो कुछ सुझाया था, बाद में उन सबको फिल्म से काट दिया गया था।

इसके बावजूद दर्शकों को यह फिल्म अच्छी लगी और उन्होंने फ्रॉकनुमा

कोट, टॉप हैट पहननेवाले पात्र की भूमिका में चार्ली को एक उत्कृष्ट हास्य अभिनेता करार दिया।

इस निराशा से चार्ली ने भविष्य में बेहतर काम करने का संकल्प लिया।

सेटों और एक्स्ट्रा कलाकारों पर पैसा बचाने का सेनेट का एक सुनिश्चित तरीका था। वे अपने अभिनेताओं को किसी स्थानीय आयोजन में ले जाते थे और उन्हें वहाँ मौजूद भीड़ में छोड़ देते थे।

चार्ली की दूसरी फिल्म का निर्माण बच्चों की काट-दौड़ के दौरान हुआ। उनसे एक खास तरह की पोशाक पहनकर ट्रैक पर बेतुकी हरकतें करने को कहा गया।

चार्ली ने अपनी वेशभूषा के लिए बाउलर हैट (जो उनके लिए काफी छोटा था), तंग जैकेट, बड़े साइज की पतलून, बड़े-बड़े जूते और एक छोटी सी छड़ी चुनी। लिटिल ट्रैंप पहली बार सिनेमा के परदे पर आया। चार्ली ने कभी कल्पना भी नहीं की होगी कि यह पात्र कितना विख्यात और अविस्मरणीय बन जाएगा। लेकिन शुरू से ही उन्हें अच्छी तरह मालूम था कि इस आवारागर्द की छवि कैसी होगी—किस्मत का मारा, लेकिन एक प्रकार की गरिमा बनाए रखने के लिए साहसपूर्वक संघर्ष करनेवाला एक इनसान।

उन्होंने अपनी बाल्यावस्था के दौरान के गरीबी के मारे उन क्लर्कों को याद रखा, जो अपने कॉलरों पर खड़िया, अपनी आस्तीनों के पैबंदों पर स्याही पोता करते थे, ताकि वे देखने में प्रतिष्ठित लग सकें। उन्हें यह भी याद था कि अत्यंत हताश व गरीब पुरुष, महिलाएँ और बच्चे किस ढंग से हैट पहना करते थे, भले ही वह कितना ही फटा-पुराना क्यों न हो।

काफी समय के बाद चार्ली ने एक इंटरव्यू में बताया था कि पंजा बाहर की ओर रखते हुए पैर घसीटकर चलने का अंदाज उन्होंने एक बूढ़े शराबी से लिया था, जिसे उन्होंने अपने बचपन में देखा था। उन्होंने सभी फिल्मों में अपनी स्मृतियों का भरपूर इस्तेमाल किया।

'ट्रैंप' परदे पर तो आ गया था, लेकिन उसका अंतिम रूप कुछ अन्य फिल्मों के बाद उजागर हुआ था। फिलहाल चार्ली ने सभी तरह के पात्रों की भूमिका निभाई। वे अन्य दूसरे हास्य अभिनेताओं की तरह एक अच्छे अभिनेता थे। इन आरंभिक फिल्मों में उनके बाद के अभिनय के आकर्षण और कल्पनाशीलता की मामूली-सी झलक ही देखने को मिलती है; लेकिन ये फिल्में आम तौर पर तेज रफ्तार, भोंडी और क्रूरतापूर्ण थीं, जिनमें दर्शकों को हँसाने के लिए लात-घूँसे मारने

और इधर-उधर उठने-गिरने के दृश्य अधिक थे।

चार्ली की पहली दो रील की फिल्म 'मैबेल एट द व्हील' अप्रैल 1914 में बनी थी। उन्होंने फरवरी के बाद से दस फिल्में बनाई थीं और काफी कुछ सीखा था; लेकिन वे खुश नहीं थे। अब उन्हें यह अच्छी तरह से मालूम था कि फिल्मों में क्या कुछ दिखाना संभव था; लेकिन इस पर भी उनके सभी सुझावों की उपेक्षा की जा रही थी। यह विश्वास होते ही कि उनकी बात सही है, चार्ली हर किसी के सामने डट जाते थे। उन्होंने मैक सेनेट को बेहतर सुविधाएँ देने पर राजी कर लिया।

सेनेट एक महत्त्वपूर्ण व्यक्ति थे और उन्होंने चार्ली को करीब-करीब निकाल ही दिया था; लेकिन दर्शक उन्हें बेहद चाहते थे और वितरक चार्ली की फिल्मों की अधिकाधिक माँग कर रहे थे। सेनेट को चार्ली की इस लोकप्रियता के सामने झुकना पड़ा और उसके बाद से कीस्टोन स्टूडियो छोड़ने तक चार्ली ने एक फिल्म को छोड़कर उन सभी फिल्मों का निर्देशन भी किया, जिनमें उन्होंने अभिनय किया था।

अविश्वसनीय रूप से कम समय में चार्ली ने वह सब कर दिखाया, जिसका उन्होंने लक्ष्य निर्धारित किया था। वे फिल्म जगत् के एक अत्यंत महत्त्वपूर्ण व्यक्ति बन चुके थे। लेकिन उन्हें इसकी कीमत चुकानी पड़ रही थी।

जब वे पहले-पहल कीस्टोन स्टूडियो पहुँचे, काम के बाद वे दूसरों के साथ शराब पीने बैठ जाते थे या उनके साथ मुक्केबाजी के मुकाबले देखने निकल पड़ते थे। लेकिन जैसे-जैसे उनकी व्यस्तता बढ़ती चली गई, उनका सामाजिक जीवन सीमित होता चला गया। अब काम ही सबकुछ रह गया था। वे अकसर बहुत अकेलापन महसूस करने लगते थे।

सेनेट के साथ चार्ली का अनुबंध समाप्त होने वाला था। अपनी अप्रत्याशित सफलता पर प्रसन्न और विस्मित होकर उन्होंने सिडनी को लिखा—

"मेरा सारा समय फिल्मों में लग जाता है। मैं इनकी पटकथा लिखता हूँ, इसका निर्देशन व इनमें काम करता हूँ और विश्वास करो, यह सारा कुछ आदमी को व्यस्त बना देता है। हाँ, तो सिड, मैंने अच्छा नाम कमा लिया है। सभी थिएटर मेरा नाम बड़े-बड़े अक्षरों में विज्ञापित करते हैं। इस देश में मेरे नाम से 'हाउसफुल' हो जाता है। सभी मैनेजर मुझे बताते हैं कि विश्व के सभी भागों से प्रति सप्ताह मेरे नाम पुरुषों और महिलाओं के कोई 50 पत्र आते हैं। अद्‌भुत बात है न कि इतने कम समय के भीतर मैं कितना लोकप्रिय हो गया हूँ। अगले वर्ष मुझे और अधिक सफलताओं की आशा है।"

शिक्षा की कमी चार्ली के आड़े नहीं आई थी और वे एक समझदार व्यवसायी

थे। वे जानते थे कि उन्हें आगे बढ़ते जाना है। "सेनेट महोदय स्नेही व्यक्ति हैं और हम मित्र हैं, लेकिन धंधा तो धंधा होता है।"

यह एक जोखिम था, जिसे उठाया जा सकता था। कुछ निराशाओं और चिंताओं के बाद अंततः उन्होंने शिकागो की एस्सेने फिल्म मैन्युफैक्चरिंग कंपनी के साथ अनुबंध पर हस्ताक्षर कर दिए। दिसंबर 1914 में चार्ली शिकागो रवाना हुए। फिल्मों में उनके प्रशिक्षण के दिन पीछे छूट चुके थे।

शिकागो का मौसम तो ठंडा था ही, पर एस्सेने की फिल्म निर्माण पद्धति को देखकर चार्ली का उत्साह भी ठंडा पड़ गया था।

कीस्टोन फिल्म कंपनी में कभी-कभी उन्हें ऐसा लगता था कि वे पागल हो जाएँगे। लेकिन यह कंपनी कम-से-कम जीवंत और कल्पनाशील तो थी। एस्सेने कंपनी महज एक 'सॉसेज' मशीन सरीखी थी। वहाँ की व्यवस्था खराब थी जहाँ किफायत और मितव्ययिता से काम लिया जा रहा था।

लेकिन यहाँ कुछ एक अच्छे हास्य अभिनेता मौजूद थे और चार्ली ने, जिन्हें यह अनुबंध एक खराब सौदा लगता था, यहाँ अपने समय का श्रेष्ठ ढंग से इस्तेमाल किया था।

उनके साथ काम करनेवाले उन्हें देखकर उलझन में पड़ जाते थे। वे एक महान् अभिनेता बन चुके थे और इसके बावजूद सादगीपूर्ण जीवन बिताते थे। उनके पास गिनती की चीजें थीं। हमेशा की तरह उनका कार्य ही जीवन था। उन्होंने काम को चमक-दमक या उत्तेजना भरे जीवन के रूप में नहीं बल्कि ऐसे कार्य के रूप में लिया, जिसे जहाँ तक संभव हो सके, श्रेष्ठ ढंग से पूरा किया जाना चाहिए।

जब स्टूडियो ने 14 फिल्में बनाने के लिए चार्ली के साथ एक अनुबंध पर हस्ताक्षर किए तो इसके लिए यह एक अच्छा सौदा साबित हुआ। फिर 'हिज न्यू जॉब' केवल दो सप्ताह में बनकर तैयार हो गई और इसमें एस्सेने की पिछली फिल्मों की अपेक्षा अग्रिम बिक्री में कहीं अधिक पैसा बनाया था।

लेकिन शिकागो की ठंड चार्ली के लिए बहुत ज्यादा तकलीफदेह थी। वे कैलिफोर्निया स्थित स्टूडियो में चले गए, जो छोटे और अपर्याप्त होने के बावजूद गरमाहट से भरे थे।

इन कठिनाइयों के बावजूद चार्ली ने कुछ अच्छी फिल्में बनाईं। कॉमेडी में परिवर्तन आया। सन् 1915 के दर्शक उन बातों पर हँस-हँसकर दोहरे हो जाते थे, जो आज के दर्शक को शायद घिसी-पिटी और अनाड़ी मसखरेपन जैसी लगेंगी। लेकिन चार्ली के मूल अभिनय की बारीकियाँ, उनकी मुसकराहट का जादू और

समय के बारे में उनकी शानदार समझ—ये सारी बातें आज भी उतनी ही ताजगी से भरी हैं जितनी कि फिल्म बनाते समय थीं।

फिल्म 'द ट्रैंप' प्रगति की दिशा में एक बड़ा कदम थी। इसमें लिटिल ट्रैंप, जो चार्ली चैप्लिन की याद करते हुए अधिकांश लोगों की स्मृति में उभर आता है, पहली बार सही ढंग से परदे पर आया। इस पात्र ने सारी दुनिया के दिल में जगह बना ली थी। छोटी काठी एवं तंगहाली, बच्चे और आदमी, शरीफ तथा उदास, शरारती व साहसी इनसान का मिला-जुला रूप—जो अपना अस्तित्व बनाए रखने में सदैव ही सफल रहता था। चार्ली ने किसी-न-किसी प्रकार ऐसा पात्र खोज निकाला था, जिसमें भूमंडल पर रहनेवाला प्रत्येक व्यक्ति सादृश्यता का अनुभव कर सकता था। उसका दु:ख और उसका हास्य अभिनय, जिसका अपना अलग अंदाज था, प्रत्येक सीमा को लाँघ चुका था। मूक अभिनय के बावजूद हर कोई इस पात्र की मनोभावनाओं को समझ सकता था।

चार्ली 'लाइफ' नाम से एक लंबी फिल्म बनाना चाहते थे, जिसमें उनका अपनी कॉमेडी में और अधिक वास्तविकता व सच्चाई लाने का इरादा था। लिटिल ट्रैंप अकेलेपन और गरीबी की उस दुनिया में विचरण कर रहा था, जिससे चार्ली अपने बचपन में ही परिचित हो चुके थे।

लेकिन स्टूडियो से जुड़े लोगों का विचार था कि यह फिल्म चल नहीं पाएगी। चार्ली को अपना यह इरादा छोड़ना पड़ा। लेकिन एस्सेने ने इसमें से कुछ एक अंश लेकर इन्हें दूसरी फिल्मों में टुकड़ों के तौर पर इस्तेमाल कर डाला। चार्ली को इससे बहुत कष्ट पहुँचा और इस बात पर उन्हें काफी गुस्सा आया, क्योंकि इस सब का अब कोई संदर्भ ही नहीं रह गया था।

वे हमेशा यही चाहते थे कि परीक्षण के तौर पर बनाई जानेवाली फिल्म को नष्ट कर देना चाहिए, क्योंकि वे दर्शकों को निराश नहीं करना चाहते थे। उन्हें अपनी युवावस्था के दिनों में पसीने से नहाई बैले नर्तकियों और उदास हास्य अभिनेताओं का भलीभाँति स्मरण था। वे चाहते थे कि उनके दर्शक फिल्म पूरी हो जाने पर इसे अंतिम जादू के रूप में ही देखें।

भाग्यवश, उनके सुझाव पर अमल नहीं किया गया। उनके निधन के बाद दो ब्रिटिश शोधकर्ताओं केविन ब्राउन्लो और डेविड गिल ने बड़ी संख्या में ऐसी रीलें ढूँढ़ निकालीं, जो उन्होंने रद्द कर दी थीं—और इन्हें एक वृत्तचित्र का रूप दे डाला। इससे हमें पता चलता है कि चार्ली ने अपनी फिल्में किस तरह बनाई थीं।

ऐसे दृश्यों को कोई प्रतिभाशाली व्यक्ति ही रद्द कर सकता था। उन दृश्यों को फिल्माने में चाहे कितना समय क्यों न लगा हो, अगर चार्ली उनसे संतुष्ट न हो पाते तो उन्हें काट दिया जाता था। वे अपनी फिल्मों की काँट-छाँट बड़ी मेहनत से करते थे।

सन् 1936 में चार्ली ने महान् फ्रेंच फिल्मकार ज्याँ वाक्तो को बताया था कि फिल्म एक पेड़ की तरह होती है। किसी पेड़ को हिलाने पर वह सब नीचे गिर जाता है, जो कमजोर और सूखा होता है। बस, वही कुछ बचा रहता है, जो आवश्यक होता है। अनावश्यक सामग्री पूरी तरह काट देने के बाद फिल्म तैयार हो जाती है।

एस्सेने कंपनी चार्ली को आखिर तक नाराज करती रही। उन्होंने 'कार्मेन' पर दो रील का एक संक्षिप्त प्रहसन बनाया। स्टूडियो ने दूसरी फिल्मों से काटे गए कुछ एक अंश इसमें जोड़कर इसे पूरी लंबाई की फीचर फिल्म का रूप दे डाला। इसके परिणामस्वरूप जो फिल्म बनकर तैयार हुई, उससे चार्ली को इतना धक्का पहुँचा कि उनकी तबीयत खराब हो गई और वे दो दिन तक बिस्तर में पड़े रहे।

चार्ली चैप्लिन अब विख्यात हो चुके थे—और उन्हें इसकी वजह से परेशानी भी उठानी पड़ी थी। प्रतिद्वंद्वी कंपनियों ने ऐसी कई फिल्में बना डाली थीं, जिनमें खुले तौर पर चार्ली से मिलते-जुलते कलाकारों ने भूमिकाएँ निभाई थीं।

ऐसा लगता था कि सारी दुनिया चार्ली चैप्लिन की दीवानी हो गई थी। 'लिटिल ट्रैंप' कॉमिक्स में फिल्म कार्टूनों में, गुड्डे के रूप में, पुस्तकों में और गीतों में प्रकट हुआ। फ्रांस में तो लोगों ने एक नृत्य का नाम ही 'चार्लोट वन स्टेप' रख दिया था।

चार्ली को होश ही नहीं था कि क्या कुछ हो रहा था। उनकी दिनचर्या अत्यंत व्यस्ततापूर्ण थी। पहले किसी फिल्म अभिनेता को इतनी ख्याति नहीं मिली थी और न ही लोगों ने अन्य किसी अभिनेता को इतना प्यार दिया था।

फरवरी 1916 में चार्ली न्यूयॉर्क गए। रास्ते में उनका जो स्वागत हुआ, उसे देखकर वे भौंचक्के रह गए। न्यूयॉर्क पुलिस के प्रमुख को मजबूरन उनसे यह कहना पड़ा कि वे ग्रांड सेंट्रल से पहलेवाले स्टेशन पर ही गाड़ी से उतर जाएँ, क्योंकि वहाँ पहले से ही एक विशाल जनसमूह उनकी प्रतीक्षा कर रहा था।

चार्ली अब इतने विख्यात हो चुके थे कि हर स्टूडियो इस बात के लिए प्रयत्नशील था कि वे वहाँ आएँ और काम करें। सिडनी उनके मैनेजर के रूप में काम कर रहे थे और यथासंभव श्रेष्ठ अनुबंध कराने के लिए कृतसंकल्प थे। अंत में चार्ली ने एक

चौंका देनेवाली धनराशि पर म्यूचुअल स्टूडियो के साथ अनुबंध किया। यह धनराशि अब तक के सिने इतिहास में विशालतम थी। इस समय वे 27 वर्ष के थे।

चार्ली अभिनेताओं की एक छोटी कंपनी तैयार करने में लग गए। वे अपनी क्षमता से परिचित थे और उनकी इस स्थिति का अर्थ यह था कि वे अपने ढंग से—हर फिल्म पर अधिक समय लगाकर और अधिक फिल्म का इस्तेमाल करके—फिल्म बना सकते थे। अपने कार्य को यथासंभव पूर्णता प्रदान करने के लिए वे पहले से अधिक कठोर हो गए।

चार्ली एक विचार को लेकर फिल्म शुरू करते, उसे फिल्माते, उसमें फेर-बदल करते, उसे दोबारा फिल्माते, पात्रों तथा सेटों को बदलते—और फिर इस सबको कचरे की टोकरी में डालकर दोबारा नए सिरे से काम शुरू कर देते। वे अकसर ही पहले से कुछ सोचे बिना स्टूडियो पहुँच जाते और फिल्म बनाने में लग जाते थे।

उन्हें ऐसे अभिनेताओं की जरूरत थी, जिन्हें उनके माध्यम से अपनी भूमिका अभिनीत करने में कोई आपत्ति नहीं थी। ऐसा लगता था मानो वे उन अभिनेताओं के माध्यम से स्वयं को प्रस्तुत करना चाहते थे। वे अविश्वसनीय रूप से बहुमुखी प्रतिभा के धनी थे। वे सेलो और वायलिन बजा सकते थे। वे एक जिम्नास्ट, नर्तक और स्केटर थे।

सबसे बड़ी बात तो यह थी कि वे स्वाँग करने में निपुण थे।

उदाहरण के लिए, सन् 1916 में बनी फिल्म 'द पॉन शॉप' में एक अविस्मरणीय दृश्य है, जिसमें सामान गिरवी रखने का धंधा करनेवाले चार्ली दीवार घड़ी की कीमत आँकते हैं। वे स्टेथेस्कोप की मदद से घड़ी की टिक-टिक सुनते हैं, फिर एक हथौड़ी और बरमा लेकर उस पर पिल पड़ते हैं। उसके बाद वे उसे कैन ओपनर से खोलते हैं। उसे सूँघकर देखते हैं और घड़ीसाज का शीशा आँख पर चढ़ाकर घड़ी के अंदरूनी पुरजों की सावधानीपूर्वक जाँच करते हैं। इस सबसे संतुष्ट न होने पर चिमटी की मदद से उसके पुरजे बाहर खींच लेते हैं। मेन स्प्रिंग खुल जाता है। वे सारे पुरजों को खोल देते हैं।

जाँच का काम पूरा कर लेने पर वे घड़ी के खोले गए पुरजे उठाते हैं और अपने कंधे उचकाकर ग्राहक के हैट में डाल देते हैं। घड़ी गिरवी रखे जाने के काबिल नहीं है।

अब तक वे फिल्म निर्माण कला में पारंगत हो चुके थे। जबकि कुछ कलाकार—लेखक, पेंटर, फिल्मकार—काम शुरू करने से पहले प्रत्येक चीज के

बारे में अच्छी तरह सोच-विचार करते हैं और फिर उसे अंतिम रूप देते हैं। चार्ली जैसे अभिनेताओं को काफी सारा काम करना पड़ता है और फिर उसे काँट-छाँटकर अंतिम रूप देना पड़ता है।

जून 1917 में रिलीज की गई फिल्म 'दि इमिग्रांट' के लिए 40 हजार फीट फिल्म की शूटिंग की गई थी। इसे 1800 फीट की अपेक्षित लंबाई तक लाने में चार्ली को अपने सहायकों की मदद से चार दिन और चार रातों का समय लगा। यह तय करने से पहले कि उन्हें फिल्म को वास्तव में कहाँ-कहाँ से काटना चाहिए, उन्होंने प्रत्येक दृश्य शायद पचास-पचास बार देखा था। अंत में चार्ली बुरी तरह थक गए थे, लेकिन उनका काम पूरा हो चुका था। 'दि इमिग्रांट' अपने समय के गंभीर युद्धों पर बनाई गई चार्ली की महान् फिल्मों की श्रृंखला की पहली फिल्म थी। सन् 1917 से लेकर दूसरे विश्व युद्ध की अवधि तक उनकी महानतम फिल्मों ने अपना ध्यान अन्याय पर केंद्रित किया—और उनमें से अनेक फिल्मों का दर्शकों पर गहरा भावनात्मक प्रभाव पड़ा।

फिल्म 'दि इमिग्रांट' में अमेरिका आनेवाले गरीब लोगों की दुर्दशा का चित्रण किया गया है। कई अर्थों में इसे आत्मकथात्मक फिल्म कहा जा सकता है। चार्ली एक अजनबी के तौर पर अमेरिका पहुँचे थे। उन्हें उस देश में अच्छी और बुरी दोनों ही बातों का अनुभव हुआ।

उस फिल्म में लिटिल ट्रैंप अनेक देशों में आए आप्रवासियों के बीच जहाज पर दिखाई पड़ता है। ट्रैंप की मुलाकात एडना और उसकी माँ से होती है, जिन्हें एक जुआरी ने लूट लिया है और अब उनके पास एक दमड़ी भी नहीं है। यह फिल्म बहुत से आप्रवासियों द्वारा भोगे जानेवाले घोर दु:खों और तकलीफों की पृष्ठभूमि में बनाई गई है। यह एक हास्य-प्रधान प्रेम कहानी है। वे स्वर्णिम अवसर प्रदान करनेवाले देश के प्रलोभन में पड़कर वहाँ पहुँचे थे; लेकिन उस नई धरती पर उन्हें स्वीकार ही नहीं किया गया था। इस फिल्म के एक दृश्य में एक बोर्ड की पृष्ठभूमि में, जिस पर 'अराइवल इन द लैंड ऑफ लिबर्टी' वाक्य लिखा है, स्वतंत्रता की प्रतिमा दिखाई पड़ती है। लेकिन आप्रवासन अधिकारी जहाज पर मौजूद भीड़ को फौरन ही मवेशियों की तरह रस्सियों से एक साथ बाँध देते हैं।

ट्रैंप की भूमिका में चार्ली ने उस पात्र को प्रस्तुत किया, जिसे लगातार पराजय का मुँह देखना पड़ता है, लेकिन अंत में जीत उसी की होती है। वे अमीर और गरीब, सफल और असफल के बीच की खाई को पाटते हैं। वे उस छोटे और मामूली से आदमी के रूप में सामने आते हैं, जो सारी कठिनाइयों के बावजूद विजयी रहता है।

चार्ली कम भाग्यशाली लोगों को थोड़ी गरिमा प्रदान करते हैं और यह जानते हुए कि अंत में जीत उन्हीं की होगी, वे उन्हें अपने ऊपर हँसने का मौका देते हैं। यही वह विशेषता है, जो ट्रैंप को विश्वव्यापी लोकप्रियता प्रदान करती है। वह अपने दर्शकों के बीच मौजूद सामाजिक अवरोधों को तोड़ डालता है।

सन् 1914 में पहला विश्व युद्ध छिड़ चुका था और कुछ लोगों का विचार था कि अपने देश की ओर से लड़ने के लिए चार्ली को ब्रिटेन आना चाहिए था। वे अमेरिकी नागरिक नहीं थे। लेकिन दूसरे लोगों का खयाल था कि चार्ली की फिल्में अधिक अच्छा काम कर रही थीं। वे निराशा से भरी उस अवधि में लोगों को हँसा रही थीं, उनमें आशा जगा रही थीं और साथ ही अमेरिका के लिए पैसा कमा रही थीं। यह ऐसा काम था, जो एक मामूली सैनिक कभी नहीं कर सकता था।

चार्ली ने युद्ध में यथाशक्ति अपना अंशदान किया। उन्होंने एक फिल्म बनाई। मई 1918 में चार्ली ने, जो इन दिनों फर्स्ट नेशनल फिल्म कंपनी में थे, 'शोल्डर आर्म्स' नामक फिल्म बनानी शुरू कर दी। युद्ध चलते चार वर्ष हो चुके थे और चार्ली ने एक ऐसा फैसला कर डाला था, जो आश्चर्यजनक लगता था। उन्होंने एक कॉमेडी फिल्म बनाने का निश्चय किया, जिसकी शूटिंग खाइयों में की जानी थी।

अभी तब बनाई गई फिल्मों में से अधिकांश अलग-अलग घटनाओं को एक साथ जोड़नेवाली दिखाई पड़ती थीं। लेकिन अब इन फिल्मों को सही ढंग से बनाया जाने लगा था—मंच पर नाटकों की तरह—और अब उन्हें केवल जन-साधारण का मनोरंजन करनेवाली फिल्में नहीं समझा जाता था।

फिल्म 'शोल्डर आर्म्स' चार्ली के दिमाग में इतनी स्पष्ट थी कि उन्होंने उस सुंदर कॉमेडी के दृश्य एक के बाद एक बड़ी तेजी से फिल्माए।

उस फिल्म में चार्ली ने उस भयावह वास्तविकता का चित्रण किया, जिससे प्रत्येक सेवारत सैनिक परिचित था—फ्लैंडर्स का कीचड़ भरा इलाका, पानी से भरी खाइयाँ, जूँए और चूहे, लगातार बमबारी और डर का माहौल। इस सबको एक कॉमेडी में बदल दिया गया था, जिसमें युद्ध लड़ने की मूर्खता की खिल्ली उड़ाई गई थी। युद्ध के उन्माद पर हँसने की उनकी समर्थता उनके वास्तविक बचाव सरीखी थी।

□

एडना पूरविएंस

चार्ली न्यूयॉर्क से लौटे थे। उन्हें अपनी असीम लोकप्रियता और तेजी से हासिल की गई समृद्धि पर विश्वास नहीं हो रहा था। जिस तरह की लोकप्रियता उन्हें मिल रही थी, उसके अनुरूप जनता के बीच घुलने-मिलने में उन्हें संकोच महसूस होता था। वे शरमीले और आत्मकेंद्रित स्वभाव के चलते अपने साथ काम करनेवाले कलाकारों से अधिक घुल-मिल नहीं पाते थे। इतनी कामयाबी हासिल कर लेने के बाद भी वे लॉस एंजेल्स के स्प्रिंग स्ट्रीट इलाके के स्टोवेल होटल के छोटे से कमरे में रहते थे। दिन भर शूटिंग करने के बाद साथी कलाकारों से विदा लेकर चार्ली शहर के गरीबों के इलाकों में घूमने के लिए निकल पड़ते थे। उन इलाकों में वे निरुद्देश्य घूमते रहते थे और पुराने सामानों की दुकानों व गिरवी की दुकानों की खिड़कियों से प्रदर्शित किए गए सामानों की तरफ देखते रहते थे। वे उन ठिकानों पर जाकर पैन केक खाते थे या कॉफी पीते थे, जहाँ गरीब तबके के ग्राहकों को 10 सेंट में भरपेट खाना मिल जाता था। चार्ली रोबदार महँगी दुकानों में जाने से बचते थे, जहाँ हर तरह की चीजें उपलब्ध रहती थीं। वे खास तौर पर हौफ ब्रो हाउस नामक रेस्टोरेंट में जाने से बचते थे, जहाँ न्यूयॉर्क के रंगमंच की प्रसिद्ध हस्तियाँ इकट्ठी होती थीं और सिनेमा के नए तथा संघर्षरत कलाकारों को प्रोत्साहित करती थीं। उन्हें लगता था कि कहीं तेजी से हासिल हुई ख्याति के चलते कहीं बनावटी सामाजिक मूल्यों का आडंबर उन्हें ग्रस्त न कर ले, इसलिए अपने संघर्ष के दिनों की तरह जाने-पहचाने मलिन इलाकों में घूमते हुए उन्हें सुकून का अहसास होता था।

उन्हीं दिनों महिला का स्वाँग करनेवाले कलाकार जूलियन एलटिनजे लॉस एंजिल्स पहुँचे थे। वे न्यूयॉर्क में सफल कार्यक्रम करके आए थे। उन्होंने जेसी

लास्की के साथ तीन फिल्मों के लिए करार किया था। फिल्मों के नाम थे—'द विडोज माइट', 'काउंटेस चार्मिंग' और 'द क्लीवर मिसेज कारफेक्स'।

फिल्मों के जाने-माने हास्य अभिनेता फोर्ड स्टर्लिंग, रेमंड हिच कॉक और विलियम फरनम एलटिनजे के साथ हौफ ब्रो हाउस में नियमित रूप से आते थे। चार्ली चैप्लिन, जो नए एवं संभावनाओं से भरपूर कलाकार थे और जिन्हें न्यूयॉर्क में एस्सेने कंपनी ने लाखों डॉलर प्रदान किया था, वहाँ दिखाई नहीं दे रहे थे। एलटिनजे के मन में कौतूहल का भाव पैदा हो रहा था। रंगमंच के दूसरे प्रतिष्ठित कलाकारों की तरह एलटिनजे भी नए माध्यम सिनेमा को तेजी से बनाया जानेवाला और फिर विस्मृत कर दिया जानेवाला माध्यम समझ रहे थे। रंगमंच के लोगों को भरोसा नहीं हो रहा था कि नया-नया माध्यम अधिक दिनों तक बाजार में टिकने वाला था। उन्हें लगता था कि वास्तविक अभिनय के मुकाबले चित्रों में किए गए अभिनय की कोई अहमियत नहीं हो सकती थी।

एलटिनजे ने चार्ली के अभिनय को देखा था और इस नतीजे पर पहुँचे थे कि सिनेमा रूपी तुच्छ माध्यम में चार्ली जो विशेष प्रभाव पैदा कर रहे थे, उसे निरर्थक कहकर टाल देना आसान नहीं था। उन्होंने चार्ली के बारे में पूछताछ की तो उन्हें बताया गया कि चार्ली एकाकी जीव थे, जो अपने सहयोगियों से अलग-थलग रहना पसंद करते थे और शहर के अकुलीन इलाकों में घूमते हुए पाए जाते थे।

एक रात हौफ ब्रो हाउस रेस्टोरेंट से वापस लौटते हुए एलटिनजे ने

गिरवी की दुकान की खिड़की के सामने एक दुबली व अस्पष्ट आकृति देखी, जिसने दोनों हाथों को पीछे की तरफ रखा था और जो दीन-दुनिया से बेखबर अपने आप में खोई हुई थी। एलटिनजे ठिठक गए और चार्ली को पुकारा। उन्होंने एक साथ ड्रिंक लेने का प्रस्ताव रखा तो चार्ली हिचकते हुए पड़ोस के मदिरालय तक उनके साथ गए।

दोनों में दोस्ती हो गई। एलटिनजे की एक महिला मित्र श्रीमती स्लेटर ने एक दावत का आयोजन किया। सर बीरबोम ट्री दावत के मुख्य अतिथि थे। एलटिनजे ने अपने साथ दावत में चार्ली को ले जाने की इजाजत महिला मित्र से ले ली थी। वे चार्ली और गोराल्डीन फेरार वे साथ पार्टी में पहुँचे। सर बीरबोम तुरंत चार्ली की तरफ आकर्षित हुए और उन्हें 'अत्यंत बुद्धिमान नौजवान' कहकर संबोधित किया। इंग्लैंड की नाइटहुड उपाधि से अलंकृत एक महान् अभिनेता के मुँह से अपनी तारीफ सुनना चार्ली के लिए किसीं पुरस्कार से कम नहीं था। अमेरिकी दर्शकों की सराहना पाकर भी जो आत्मविश्वास उनके भीतर पैदा नहीं हो पाया था, वही आत्मविश्वास दावत में सराहना पाकर मजबूत हो गया था। उन्हें अपने आप पर भरोसा पैदा हुआ, स्वीकृति की भावना पैदा हुई और उन्होंने एलटिनजे के प्रति आभार व्यक्त किया, जिन्होंने सच्ची दोस्ती निभाते हुए उनका परिचय समाज के ऊँचे तबके के लोगों से करवाया था।

अपने-अपने क्षेत्र में उपलब्धि हासिल करनेवाले लोगों के मुँह से सराहना सुनकर चार्ली अपने उद्‌देश्य के प्रति अधिक कृतसंकल्प हो गए। आलोचना या विरोध सुनने से कभी भी उनकी एकाग्रता या सृजन की तल्लीनता भंग नहीं होती थी। मानवीय संवेदना का स्पर्श पाकर उनका कलाकार मन पुलकित हो उठा था तथा वे और भी श्रेष्ठ प्रदर्शन करने के लिए प्रेरित हो उठे थे।

सामाजिक रूप से चार्ली की जान-पहचान की घटना के बाद एक शाम जब बारिश हो रही थी तब सांटा मोनिका के समुद्र-तट पर स्थित 'सनसेट इन रिसॉर्ट' में उसका मालिक गुस कार्नर लगभग असंतुष्ट मुद्रा में डाइनिंग रूम का मुआयना कर रहा था। उस जगह पर अकसर फिल्मी कलाकारों और उनके मित्रों की भीड़ इकट्‌ठी होती थी।

किनारे की एक मेज के इर्द-गिर्द सांटा मोनिका के मेयर बर्कले, पुलिस प्रमुख फर्गुसन, कैप्टन क्लेरेंस वेब और पुलिस जज किंग बैठे हुए थे। बड़े कमरे के दूसरे छोर की मेज के इर्द-गिर्द कुछ मेहमान बैठे हुए थे, जहाँ से समुद्र का नजारा दिखाई दे रहा था। मेयर ने गुस कार्नर को बुलाया।

''गुस, हम देख रहे हैं कि तुमने वहाँ बैठी औरत को सिगरेट पीने की इजाजत दे रखी है।'' मेयर ने कहा, ''तुम जानते नहीं, इस शहर में सार्वजनिक स्थान पर किसी महिला का धूम्रपान करना कानूनन वर्जित है।'' गुस ने दूसरी तरफ देखा, जहाँ एक सजी-धजी महिला लंबे सुनहरे होल्डर की सहायता से सिगरेट के कश ले रही थी।

गुस कार्नर ने मेयर की तरफ देखा और हिचकिचाते हुए बोला, ''लेकिन जनाब, वे श्रीमती विलियम के वेंटरबिल्ट हैं और उनके साथ जो दो लोग हैं, वे सर बीरबोम ट्री और उनकी बेटी कुमारी आइरिका हैं।''

पुलिस प्रमुख फर्गुसन थोड़ा प्रभावित हुआ। उसने अपने गले को साफ किया।

''मगर गुस, कानून सबके लिए बराबर होता है। कानून की सुरक्षा की मैंने कसम खा रखी है।''

गुस को संकोच हुआ। वह किसी भी कीमत पर प्रतिष्ठित मेहमानों को अपना नित होने से बचाना चाहता था। ''ठीक है जनाब, मैं वहाँ जाकर बात करूँगा।'' वह ठिठका और फिर जो बात उसने कही, उसे सुनकर अधिकारियों की नाराजगी दूर हो गई, ''मेज पर वे जो सज्जन बैठे हैं नाटे कद के, वे चार्ली चैप्लिन हैं।''

सांटा मोनिका के अधिकारियों ने बाल-सुलभ उत्सुकता के साथ चार्ली की तरफ देखा और उनके मुँह से निकला, ''अच्छा! पहले तुमने क्यों नहीं बताया? मेकअप के बगैर हम लोग उन्हें पहचान नहीं पाए।''

पुलिस प्रमुख फर्गुसन ने नरम होते हुए कहा, ''मुझे लगता है दोस्तो, इस मामले में हम कानून में ढील दे सकते हैं। आप लोग क्या सोचते हैं?''

मगर दूसरे अधिकारी कानून की बात भूल चुके थे और वे चार्ली की हरेक हरकत को गौर से देखने में जुट गए थे।

जूलियन एलटिनजे समझ नहीं पाए थे कि चार्ली क्यों एक सस्ते होटल के गंदे कमरे में टिके हुए थे, इसलिए उन्होंने चार्ली से बेहतर इलाके में रहने का अनुरोध किया था। आखिरकार सन् 1916 में चार्ली सस्ते होटल को छोड़कर, बोरिया-बिस्तर समेटकर लॉस एंजिल्स एथलेटिक क्लब में कमरे लेकर रहने लगे थे। सिडनी ने उनसे अनुरोध किया कि वे एक कार खरीद लें और अपनी सुविधा के लिए एक सेक्रेटरी रख लें।

चार्ली ने बड़े आकार की लोकोमोबाइल टूटिंग कार खरीदी थी। ड्राइवर पद के लिए तोराइची कोनो आवेदन करने के लिए चार्ली के नए सचिव टॉम हैरिंगटन

से मिलने एथलेटिक क्लब में आया था। हैरिंगटन बोनो के अनुभव और योग्यता से संतुष्ट हुआ। उसे चार्ली से मिलवाने के लिए शयनकक्ष में ले गया।

"मैंने एक आकर्षक, काले बालोंवाले नौजवान को बिस्तर पर नाश्ता करते हुए देखा।" कोनो ने कहा, "जब हैरिंगटन ने उन्हें मेरे बारे में बताया तो चार्ली ने खाना बंद कर मुझसे पूछा कि क्या मैं कार चला सकता हूँ? मैंने उन्हें यकीन दिलाया कि यह काम मैं अच्छी तरह कर सकता हूँ। उन्होंने कहा, 'मैं नहीं चला सकता' और मुसकाराने लगे। बोले, 'तुम स्मार्ट हो।' फिर उन्होंने हैरिंगटन से कहा कि 'इसे टेस्ट ड्राइव पर लेकर जाओ।' इतना कहकर वे खाने में जुट गए।"

"मैं हैरिंगटन को कार में बिठाकर लॉस एंजिल्स की सड़कों को नापने लगा। उस समय अधिक भीड़-भाड़ नहीं थी। कुछ मिनटों के बाद हैरिंगटन ने कहा, 'तुम यह नौकरी कर सकते हो।' मुझे और मेरी पत्नी को एथलेटिक क्लब और इंगस्ट्रोम होटल के बीच में कहीं रहने का इंतजाम करना था, चूँकि उसी होटल में चार्ली की फिल्मों की नायिका कुमारी पूरविएंस रहती थी। मुझे शुरुआत में हर हफ्ते 30 डॉलर वेतन के तौर पर मिलने वाले थे।"

कोनो का रिश्ता इस तरह चार्ली से जुड़ा और आगे जाकर कोनो चार्ली का विश्वसनीय सेक्रेटरी बना, प्रतिष्ठा और समृद्धि का भागीदार बना, सुख-दुःख का सहचर बना, सभ्य जगत् के श्रेष्ठ व्यक्तियों के सान्निध्य में आया। चार्ली के इर्द-गिर्द के कलात्मक माहौल के प्रति कोनो उदासीन ही बना रहा। शुरू-शुरू में वह धड़ल्ले से अंग्रेजी नहीं बोल पाता था।

कोनो भौतिकवादी था। प्रतिभा, कला और गुणवत्ता से उसका नाता नहीं था। वह चार्ली की उपार्जन क्षमता की सराहना करता था, मगर मन-ही-मन उसे लोगों पर हँसी आती थी, जो चार्ली पर धन उड़ेल रहे थे।

इस बात से भी इनकार नहीं किया जा सकता कि कोनो चार्ली के प्रति वफादार था और उनकी अच्छी तरह देखभाल करता था। वह पल भर के लिए भी अपने कार्य की उपेक्षा नहीं करता था। वह हमेशा अपने मालिक के हितों का ध्यान रखता था। चार्ली उसके ऊपर अपने दूसरे कर्मचारियों की तुलना में काफी भरोसा रखते थे। निजी पत्र और तार हमेशा चार्ली की जगह कोनो के पास भेजे जाते थे। चार्ली अपने करीबी लोगों के फोन नंबर भी कोनो के पास ही रखते थे। कोनो चार्ली का ऐसा निजी दूत था, जो उनकी पत्नियों से भी सीधे बात कर सकता था।

चार्ली के निजी सहायक के रूप में कार्य करना बाद के वर्षों में थका देनेवाला अनुभव बनता गया। कार्य के घंटे लंबे और अनिश्चित होते गए। भीतर-ही-भीतर

उसके मन में अपने कार्य के प्रति असंतोष भी बढ़ रहा था।

नौ बजने से कुछ मिनट पहले, हर सुबह कोनो टॉम हैरिंगटन को कार में बिठाकर लॉस एंजिल्स स्टॉक एक्सचेंज में लेकर जाता था। हैरिंगटन के पास चार्ली का पावर ऑफ एटॉर्नी था, जिसके जरिए वह शेयरों की खरीद-बिक्री करता था। चार्ली के हितों का ध्यान रखते हुए हैरिंगटन शेयरों की सौदेबाजी ईमानदारी और निष्ठा के साथ करता था।

एथलेटिक क्लब लौटकर कोनो चार्ली को कार में बिठाता था, फिर होटल पहुँचता था, जहाँ एडना पूरविएंस कार में चार्ली के साथ बैठ जाती थी। फिर वे हॉलीवुड के लिलियन में स्थित म्यूचुअल स्टूडियो पहुँच जाते थे।

दिन भर स्टूडियो के बाहर इंतजार करते हुए कोनो बीच-बीच में मिलनेवाले आदेशों का पालन करता था और उसे स्टूडियो किसी पागलखाने की तरह लगता था, जहाँ की गतिविधियों का वह जानकार बन चुका था। धीरे-धीरे वह अपने कलाकार-स्वामी की तुनकमिजाजी को समझने और उसी के अनुरूप कदम उठाने का अभ्यस्त होता गया।

सिनेमा उद्योग तेजी से विकसित होता जा रहा था। उसकी संभावनाएँ जिस पैमाने पर बढ़ती जा रही थीं, उसके साथ कदम से कदम मिलाकर चलने में अभिनेताओं, निर्देशकों और निर्माताओं को भी परेशानी हो रही थी। चार्ली के हास्य अभिनय का क्रम विकास भी कम चमत्कारी नहीं था, जो प्राथमिक थप्पड़-छड़ी की हिंसा से आगे बढ़कर नियंत्रित अभिनय के रूप में व्यक्त हुआ था, जिसमें हास्य को गहराई के साथ मानव जीवन के ताने-बाने के साथ बुनते हुए मूर्त रूप प्रदान किया गया था।

परिवर्तन धीरे-धीरे हुआ था, मगर यह निश्चित था; चार्ली जानते थे कि फिल्म निर्माण के शुरुआती चरण में परंपरा को अचानक बदला नहीं जा सकता था। चार्ली जिस तरह दिन-रात मेहनत कर रहे थे, नियंत्रित अभिनय करते हुए अति नाटकीयता से बच रहे थे और डूबकर अपने किरदार को निभाने की कोशिश कर रहे थे, अपने सहयोगी कलाकारों से उसी स्तर का अभिनय करवा पाना उनके लिए संभव नहीं था। सच्चे हास्य-रसज्ञ होने के नाते चार्ली ने जहाँ हास्य का अध्ययन किया था वहीं करुणा का भी अध्ययन किया था। वे हास्य को सुस्पष्टता के साथ उभारने की कला में दक्ष बन गए थे। वहीं हास्य के साथ करुणा के मिश्रण की कला भी उन्हें बखूबी आती थी।

उनकी एक के बाद एक बननेवाली कामयाब फिल्मों में अतिसूक्ष्म, विचारात्मक

और अंतर्निहित करुणा की मनोदशा को व्यक्त करनेवाला हास्य विद्रूपात्मक, संवेदनशील, डंकदार और प्रबल था, जो मानवीय आवेग की सतह के नीचे तक प्रभाव डालता था और जो सिनेमा के व्यापक दर्शक वर्ग को मुग्ध बना देता था। चार्ली की फिल्मों में तंगहाली की मिठास का रक्षक नजर आता था। उनमें ताकतवर श्रेणी के ऊपर कमजोर के जीवट की जीत नजर आती थी। यह भी सही है कि उनमें एक किस्म की सांसारिकता, एक किस्म की फूहड़ता की मनोदशा, सरलता के साथ विद्रोह का संदेश भी होता था। इन फिल्मों के महान् और आध्यात्मिक अर्थ दर्शकों के मस्तिष्क में उभरते थे। इनमें ट्रैंप की रोमांटिक और आध्यात्मिक प्यास नजर आती थी।

चार्ली की विस्मयकारी सफलता नए या अनछुए परिसर पर आधारित नहीं थे; लेकिन उनकी साधना पूरी तरह मौलिक थी। उन्हें सत्रहवीं सदी की इतालवी कॉमेडियों या अठारहवीं सदी के ब्रिटिश पेंटोमाइम की जानकारी नहीं थी। वे सिर्फ इतना जानते थे कि कलाकारों के समूह द्वारा उछल-कूद करना श्रेष्ठ कला का उदाहरण नहीं हो सकता था। चार्ली कलात्मक उत्कर्ष हासिल करने के लिए अनवरत टटोलते हुए, चूक करते हुए एक सत्यभाषी किरदार की समष्टि को मूर्त रूप देने की कोशिश कर रहे थे, जिसमें मानव जीवन धड़कता हुआ प्रतीत होता था।

एडना पूरविएंस नेवादा के देनो से आई थी, जहाँ वह टाइपिस्ट की नौकरी कर रही थी। वह फिल्मों में काम ढूँढ़ने के लिए आई थी। देश के अलग-अलग हिस्सों से सैकड़ों युवतियाँ हॉलीवुड पहुँच रही थीं और काम की तलाश में स्टूडियो के दरवाजे पर इकट्ठी हो रही थीं। नायिकाओं की जितनी जरूरत थी, उसकी तुलना में कई गुना अधिक लड़कियाँ काम माँगने के लिए पहुँच रही थीं।

कई महीने तक हतोत्साहित होकर और जमा-पूँजी खर्च करती हुई एडना एक दिन म्यूचुअल स्टूडियो के बाहर जुटी भीड़ में शामिल हो गई। उसमें एक किस्म की जन्मजात निर्भीकता थी। उसने चार्ली चैप्लिन से मिलने की इच्छा जाहिर की।

वह खूबसूरत थी, चार्ली ने देखा, मगर दूसरी लड़कियाँ भी तो खूबसूरत थीं। सिर्फ यही बात नहीं थी। एडना के व्यक्तित्व में बाहरी तौर पर कोई खूबी भले ही विद्यमान नहीं थी, मगर उसके भीतर कोई ऐसी खूबी अंतर्निहित थी, जिसे केवल चार्ली ही महसूस कर सकते थे। अपने अपरिवर्तनीय स्वभाव के अनुरूप तत्काल निर्णय लेते हुए चार्ली ने एडना को स्क्रीन टेस्ट के लिए आमंत्रित किया।

प्रोजेक्शन रूम में चार्ली ने एडना के स्क्रीन टेस्ट के नतीजे को देखा। वह

भयानक नजर आ रही थी! कैमरे के सामने वह अनाड़ी व आत्मकेंद्रित लग रही थी और उसमें नाटकीय मूल्यों की कोई झलक दिखाई नहीं दे रही थी। लेकिन एडना के अनाड़ी होने पर भी चार्ली की दिलचस्पी उसमें पैदा हो गई थी। उनके सामने चुनौती थी कि कैसे बिलकुल कच्ची मिट्टी से सुंदर पात्र का निर्माण किया जा सकता था। एडना उनके लिए कच्ची मिट्टी की तरह थी और उन्हें एक दक्ष कुम्हार की भूमिका का निर्वाह करना था।

धैर्य के साथ चार्ली एडना का मार्गदर्शन करते रहे, जो जल्द ही चार्ली से प्यार करने लगी थी और चार्ली के निर्देशों के अनुरूप खुद को ढालने के लिए कड़ी मेहनत कर रही थी। दोनों की मेहनत रंग लाई। 'द काउंट', 'द पाउन ब्रोकट' और 'एडवेंचर' में एडना ने चार्ली की अपेक्षा के अनुरूप अभिनय करते हुए दर्शकों की सराहना हासिल की थी।

कोनो ने 'एडवेंचर' फिल्म में पहली बार अभिनय किया था, जिसकी शूटिंग सांटा मोनिका समुद्र-तट पर हुई थी। इस फिल्म में चार्ली ने एक भगोड़े कैदी का किरदार निभाया था, जो जेल की पोशाक पहने हुए समुद्र-तट पर घूम रहा है। वह किसी व्यक्ति की पोशाक चुरा लेना चाहता है, मगर उसी समय वह एक लड़की (एडना पूरविएंस) की चीख सुनता है, जो लहरों में डूबती हुई बचाव के लिए गुहार लगा रही है। कैदी लहरों में कूदकर लड़की को बचा लेता है। मगर लड़की को चाहनेवाला (एलेक्स कैंपबेल) नहीं चाहता कि लड़की को बचाने का श्रेय उसके सिवा किसी दूसरे को मिले, इसलिए वह कैदी को पानी में धकेल देता है। एडना खुद को बचानेवाले चार्ली को डूबते हुए देखकर परेशान हो उठती है और चार्ली को बचाने के लिए अपने ड्राइवर को पुकारती है। चार्ली को लगातार लहरों के साथ संघर्ष करना पड़ता है।

15 डॉलर प्रतिदिन की दर से कोनो को ड्राइवर की भूमिका निभाने का पारिश्रमिक दिया गया। उसे खुशी हुई थी। हफ्ते भर की कमाई उसने दो दिन में कर ली थी। मगर यह सिलसिला आगे नहीं चल सका था। सिनेमा एक कलाकार से वंचित रह गया था। वहीं चार्ली को भविष्य का निजी सचिव मिल गया था। कोनो की पत्नी की सहेलियों ने बताया था कि उन्होंने सिनेमा के परदे पर उसके पति को देखा था। कोनो की पत्नी ने 'एडवेंचर' फिल्म देखी थी और आगबबूला होकर पति के पास पहुँची थी। उसने अपने पति को याद दिलाया था कि जापान में अभिनेताओं की इज्जत दो कौड़ी के बराबर भी नहीं समझी जाती थी। उसने यह भी कहा था कि अगर वह अभिनय जारी रखेगा तो उसके परिजन उसे हिकारत की नजरों से देखेंगे

और उसके साथ सारे रिश्ते तोड़ देंगे। इस तरह संक्षिप्त समय में ही कोनो ने सिनेमा को अलविदा कह दिया।

द फायरमैन, द वेगाबांड, द रिंग, इजी स्ट्रीट, द इमिग्रांट, द क्योर, बिहाइंड द स्क्रीन और वन ए.एम.—म्यूचुअल के लिए चार्ली ने साल भर में ये फिल्में बनाईं। चमत्कारी साहस और तीव्रता के साथ उन्होंने इन फिल्मों का निर्माण पूरा किया। वे कदम बढ़ाते हुए सफलता की बुलंदियों का स्पर्श करने लगे। दो रील की फिल्मों से बढ़कर अधिक महत्त्वाकांक्षी बड़ी फिल्मों की रूपरेखा उनके दिमाग में तैयार होने लगी।

साल खत्म होने पर चार्ली ने म्यूचुअल फिल्म कंपनी या किसी अन्य कंपनी के साथ करार करने से इनकार कर दिया। सभी को हैरत में डालते हुए उन्होंने अपनी निर्माण कंपनी 'चैप्लिन स्टूडियो' की स्थापना की और साल भर में 10 लाख डॉलर के सौदे के बदले आठ फिल्मों के वितरण का अधिकार फर्स्ट नेशनल कंपनी को दे दिया। कार्नो मंडली के पूर्व प्रबंधक अल्फ्रेड रीव्स शुरू से चार्ली का नैतिक समर्थन करते रहे थे। चार्ली ने रीव्स को स्टूडियो का मैनेजर बना दिया।

अब चार्ली दो लक्ष्यों पर ध्यान केंद्रित करना चाहते थे—पहला, वित्तीय स्वतंत्रता हासिल करना और अपनी मरजी के अनुरूप फिल्मों का निर्माण करना। वे जीवन में पहली बार अपनी मरजी से सृजन कार्य में जुट जाना चाहते थे।

अपने बैनर के तले चार्ली ने शुरू की दो रीलों की फिल्मों का विस्तार करते हुए 'ए डॉग्स लाइफ', 'शोल्डर आर्म्स', 'सन्नी साइड' और 'ए डेज प्लेजर' जैसी फिल्में बनाईं। इन्हीं फिल्मों के निर्माण की प्रक्रिया में चार्ली के सृजन का उत्कर्ष 'द किड' के रूप में दुनिया के सामने आया।

एडना पूरविएंस 'द किड' तक लगातार चार्ली की सभी फिल्मों में नायिका की भूमिका निभाती रहीं। वह चार्ली की सहचरी बनी रहीं और उनके प्रति मातृवत् आचरण भी करती रहीं। एडना के प्रति चार्ली की दिलचस्पी घटती जा रही थी; मगर वे उसकी सहचारिता के बदले में कुछ करना चाहते थे, भले ही उन्होंने एडना को अप्रसिद्धि के अँधेरे से उठाकर प्रभावशाली अभिनेत्री के रूप में तराशने का काम किया था। वे जानते थे कि एडना के सामने कैरियर का प्रशस्त मार्ग नहीं था और वह सिर्फ उनके मार्गदर्शन में ही उल्लेखनीय अभिनय कर सकती थी। यह बात वे एडना को स्पष्ट रूप से बता भी नहीं सकते थे। अभी तक चार्ली किसी बंधन में बँधकर रहना पसंद नहीं करते थे। वे स्थायी रिश्ते की ऊब से बचना चाहते थे।

एडना को क्षतिपूर्ति देने के बारे में चार्ली के मन के भीतर से आवाज आ रही

थी। यह महिला उनके लिए वफादार जीवनसंगिनी साबित हो सकती थी; लेकिन नियति ने इस रिश्ते को अंजाम तक पहुँचने नहीं दिया।

चार्ली ने एडना के लिए 'वूमेन ऑफ पेरिस' फिल्म बनाई। यह एडना की आखिरी फिल्म थी, जिसमें नायिका के रूप में उसने अविस्मरणीय अभिनय किया था। पेरिस की एक महिला की भूमिका को एडना ने इस फिल्म में जीवंत किया था। एडोल्फ मेंजो ने फिल्म में नायक की भूमिका निभाई। इसी फिल्म के जरिए मेंजो का फिल्मी सफर शुरू हुआ था।

'वूमेन ऑफ पेरिस' देखने के बाद अगर चार्ली के मन में किसी तरह का पछतावा का भाव भी पैदा हुआ तो उसे उन्होंने जाहिर होने नहीं दिया। संभवत: वे अच्छी तरह जानते थे कि एडना केवल उनके मार्गदर्शन में ही मँजा हुआ अभिनय कर सकती थी। उन्होंने सोची हुई योजना के तहत फिल्म को रीजेंट फिल्म कंपनी के नाम के तहत समाविष्ट किया और उस कंपनी में एडना के नाम से शेयर आवंटित किए, जिसके आधार पर हर हफ्ते एडना को 250 डॉलर मिलते थे।

ऊपरी तौर पर फिल्मों को अलविदा कहते हुए एडना खुश नजर आई। शायद वह समझ चुकी थी कि चार्ली की नजरों में उसके भीतर जन्मजात प्रतिभा नहीं थी।

□

प्रथम विवाह

28 साल की उम्र में राष्ट्रीय ही नहीं, अंतरराष्ट्रीय स्तर पर भी कीर्ति व प्रसिद्धि हासिल कर लेना, सराहना और ईर्ष्या का पात्र बन जाना किसी औसत इनसान के लिए आह्लादकारी अनुभव हो सकता है। लेकिन चार्ली चैप्लिन इस तरह की जय-जयकार होने पर भी घमंड से दूर रहे। अगर ऐसी कामयाबी किसी आम कलाकार को मिली होती तो उसका दिमाग सातवें आसमान पर पहुँच सकता था, मगर चार्ली सदा की तरह विनम्र और शालीन बने रहे।

महज 4 वर्षों की अवधि में चार्ली की जिंदगी ही बदल गई थी। एक ब्रिटिश नाटक मंडली की अख्याति के जगत् से उन्होंने जब सिनेमा जगत् में कदम रखा तब उन्हें इस माध्यम की संभावनाओं का अंदाजा नहीं था। उन्होंने अपनी विलक्षण प्रतिभा का उपयोग करते हुए सिनेमा के परदे पर जो करिश्मा कर दिखाया उसकी वजह से वे दुनिया भर में मशहूर हो गए। उस समय हॉलीवुड एक उपनगर था, जो सामान्य जन के मनोरंजन के माध्यम को लोकप्रिय बनाने के लिए संघर्ष कर रहा था। चार्ली आम जनता की नजरों में चमकते सितारे बन गए थे। वे उस समय के लोकप्रिय कलाकारों—मेरी पिकफोर्ड, ओएन मूर, माबेल नॉरमंड, हेलेन फर्गुसन, लिड कोडी, फोर्ड स्टर्लिंग, चालीज दे और अन्य की श्रेणी में शामिल हो चुके थे।

अभी उन्होंने अपनी सर्वश्रेष्ठ फिल्मों का निर्माण नहीं किया था। इसके बावजूद लोकप्रियता उनके कदमों को चूम रही थी। अभी तक उन्होंने अपने भीतर धधकती आग को बाहर निकालने के लिए क्षीण निर्गम मार्ग का ही चुनाव किया था। उन्हें अभी तक लोगों ने ठीक से नहीं समझा था, न ही उन्हें खुले दिल से अपनाया था, लेकिन जो कामयाबी उन्हें मिल रही थी और जिस अनुपात में उनकी

कमाई बढ़ती जा रही थी, उसका प्रभाव फिल्मी तबके पर पड़ना स्वाभाविक था।

सन् 1917 की गरमियों में 'स्वतंत्रता ऋण' का संग्रह करने के लिए चार्ली ने मेरी पिकफोर्ड और डगलस फारबैंक्स के साथ अपने खर्चे पर अमेरिका के प्रमुख शहरों का दौरा किया था। तीनों कलाकारों ने हजारों नागरिकों को सरकारी बॉण्ड खरीदने के लिए प्रेरित किया था और इस तरह जुटाए गए राजस्व का इस्तेमाल युद्ध के लिए किया गया था।

दौरे से लौटते समय चार्ली मेरी और ओवेन मूर के निमंत्रण पर डेल की बीच पर उनसे मिलने गए। वहीं उनकी मुलाकात मिल्ड्रेड हैरिस से हुई। उस समय मिल्ड्रेड 15 साल की थी और बाल कलाकार के रूप में फिल्मों में सफलता हासिल कर चुकी थी। फिल्म 'कोल्ड डेक' में मिल्ड्रेड ने अभिनेता विलियम्स हार्ट की छोटी बहन का अभिनय कर दर्शकों की प्रशंसा हासिल की थी। उस फिल्म में सिल्विया ब्रीयर और अलमा रूबेंस ने नायिका की भूमिका निभाई थी। विलियम्स हार्ट ने मिल्ड्रेड का चुनाव ट्रेंगल्स स्टूडियो के नाटक से किया था, जहाँ हार्ट ने अनुबंध के तहत काम किया था और जहाँ मिल्ड्रेड की माँ वेशभूषा कक्ष की प्रभारी थी।

जिस समय चार्ली से मिल्ड्रेड की मुलाकात हुई थी, उस समय वह बाल फिल्मों के निर्देशक लुइज वेबट के साथ अनुबंध के तहत काम कर रही थी। मिल्ड्रेड परदे पर आकर्षक नजर आती थी, उसके सुनहरे बाल और बड़ी-बड़ी नीली आँखें उसके भोलेपन को दरशाती थीं और वह गजब की खूबसूरत नजर आती थी।

एडना पूरविएंस की तरह ही मिल्ड्रेड में महान् अभिनेत्री बनने की प्रतिभा नजर नहीं आ रही थी। वह एक सामान्य औसत युवती की तरह थी, जिसमें कुछ निश्चित खूबियाँ थीं। वह उसी तरह की भूमिकाएँ उम्र बढ़ जाने तक निभाती रह सकती थी और बाद में गुमनामी के अँधेरे में खो सकती थी, जहाँ से वह आई थी। यह तो एक इत्तेफाक ही था कि चार्ली उस यादगार रात में मूर दंपती की पार्टी में शामिल होने चले आए थे और मिल्ड्रेड से उनकी मुलाकात हो गई थी। चार्ली कभी-कभार ही ऐसी पार्टियों में शामिल होते थे, ताकि लोग उन्हें असामाजिक या गँवार कहना न शुरू कर दें।

अपने जीवन के प्राण तत्त्व हास्य अभिनय के प्रति समर्पित होने के नाते चार्ली हॉलीवुड में अपनी उपलब्धियों के आरंभिक दिनों से ही एक किस्म की दोहरी जिंदगी जीते रहे थे। स्टूडियो में वे समूह में जीते थे, जहाँ वे एक जिम्मेदार नियोक्ता, निर्माता, निर्देशक एवं अभिनेता की भूमिका निभाते थे और अपने सहायकों की मदद

से फिल्म संबंधी कार्य करते थे। दूसरी तरफ अपने अस्तित्व के भीतर वे दूसरी जिंदगी जीते थे। यह गुप्त, भाव-प्रवण और जोशीली जिंदगी थी, जिसमें असंतुलित दिन और परेशान रातों का अनुक्रमण तब तक होता था जब तक मन के भीतर पनप रहे विचारों का मानसिक उद्‌भवन नहीं हो जाता था और उसे दिन के उजाले में हकीकत के धरातल पर उतारा नहीं जाता था। इस तरह के जीवन के अंदाज का अंतर्निहित मूल भाव पलायन था। हमेशा उन्हें भागते रहना था। उनके इर्द-गिर्द उनकी आकांक्षाएँ और उनके कार्य परिस्थितियों का जो जाल बुनते थे, उसे तोड़कर आगे निकलना था। बीच-बीच में उन्हें पक्का यकीन हो जाता था कि मानवीय संबंध कभी भी पूरी तरह संतोषजनक नहीं हो सकता। यह संबंध उन्हें जीवन की दुःखद अनिवार्यता प्रतीत होने लगती।

हैट्टी केली के प्रति अपने आदर्शवादी आकर्षण को छोड़कर चार्ली सही अर्थों में कभी किसी नारी के प्रति गहरे प्रेम में नहीं डूबे थे। लेकिन इसमें कोई शक नहीं कि पहली ही मुलाकात में चार्ली मिल्ड्रेड हैरिस के प्रति आकर्षित हुए थे। सिनेमा के महानायक को अपनी तरफ आकर्षित होते देखकर मिल्ड्रेड सम्मोहित हो उठी थी। वह यह सोचकर ही चार्ली से प्यार करने लगी थी कि इतने मशहूर और अमीर व्यक्ति की दिलचस्पी उसमें थी। वह चार्ली को व्यक्ति के रूप में नहीं, मशहूर और अमीर हस्ती के रूप में चाहने लगी थी। शायद उम्र कम होने और अपने सतही स्वभाव की वजह से वह चार्ली के मस्तिष्क के गुप्त कोनों में झाँक नहीं पाई थी। शायद उसे कभी भी अहसास नहीं हो पाया कि चार्ली के मन के भीतर अपनी दुनिया भी थी।

चार्ली ने आदर्श प्रेमी की तरह वांछित जीवनसंगिनी को हासिल करने की उम्मीद के साथ मिल्ड्रेड से प्रणय निवेदन किया। चार्ली ने अपने मन में मिल्ड्रेड की उन खूबियों की कल्पना की, जो उसमें थीं ही नहीं। वह बाहरी तौर पर एक आकर्षक युवती थी; लेकिन चार्ली जिस प्रतिभा की कल्पना करते थे, वह उसके भीतर नहीं थी।

आकर्षक महिलाओं के साथ चार्ली का बरताव हमेशा अलग किस्म का होता था। वे एक ऐसे छोटे लड़के की तरह बरताव करते थे, जो अभी-अभी माँ के आँचल के साए में बालों में कंघी कर और चेहरे को सँवारकर बाहर निकला हो और जिस महिला के प्रति वे आकर्षित होते थे, उससे खासतौर पर अपने लिए मातृ-सुलभ परिचर्या की अपेक्षा रखते थे।

मिल्ड्रेड अपनी माँ के साथ वेनिस के कैडिलक होटल में रहती थी। चार्ली

रोज मिल्ड्रेड के कमरे में फूलों का भारी-भरकम गुलदस्ता भेजते थे। चार्ली के इस अंदाज पर मिल्ड्रेड फिदा हो गई थी। उसकी माँ भी चार्ली को पसंद करती थी, उनकी सराहना करती थी; मगर दोनों के भावी जीवन को लेकर चिंतित थी। वह अफवाह सुनती थी कि चार्ली अपनी कार में घंटों उस स्टूडियो के बाहर बैठे रहते थे, जहाँ मिल्ड्रेड काम करती थी। वे उसकी एक झलक पाने के लिए ठंड और बरसात की भी परवाह नहीं करते थे। वास्तव में श्रीमती हैरिस अभी मिल्ड्रेड की शादी के बारे में बिलकुल सोच नहीं रही थीं, क्योंकि मिल्ड्रेड महज 16 साल की थी। श्रीमती हैरिस ने यह बात चार्ली को भी बता दी।

इस परिस्थिति में चार्ली विवाह को लेकर निश्चिंत नहीं थे। लेकिन फिर ऐसा हुआ कि सन् 1917 की सर्दियों में मिल्ड्रेड हैरिस और चार्ली चैप्लिन का विवाह हो गया। इस विवाह के बाद एक शिशु का जन्म हुआ, जिसकी आकृति विकृत थी और जो तीन दिनों तक ही जीवित रहा था।

मिल्ड्रेड ने बाद में बताया कि शिशु की मृत्यु के साथ ही उसके प्रति चार्ली के प्रेम की भी मृत्यु हो गई। यह सच से परे बात थी। लेकिन यह आरोप उसकी उस आकांक्षा के अनुरूप है, जिसके तहत वह अपने पति को एक आम परिवारप्रिय जीव के रूप में ढालना चाहती थी। संभवत: वह इस कड़वी सच्चाई को स्वीकार करना नहीं चाहती थी कि यह विवाह आरंभ से ही क्लेशप्रद रूप से असफल रहा था। किसी भी तरह के जज्बात से दूर चार्ली के सहयोगी कौनो का कहना था कि मिल्ड्रेड से विवाह करने से काफी पहले चार्ली के मन में उसके प्रति प्रेम ख़त्म हो चुका था। इसके साथ-साथ चार्ली को पितृत्व की जवाबदेही के बारे में सोचकर झुँझलाहट महसूस होती थी। वे स्वयं को आम मनुष्यों की कतार में देखना नहीं चाहते थे।

मिल्ड्रेड भले ही खूबसूरत थी, मगर चार्ली की प्रतिभा के सामने वह औसत युवती थी। यही सोचकर चार्ली परेशान हो उठे थे।

चार्ली बच्चों को और बाल मनोविज्ञान को पसंद करते थे। वे अपनी फिल्म के एक-एक दृश्य को पूर्णता प्रदान करने के लिए घंटों अथवा कई दिनों तक मेहनत करते थे। वे जानते थे कि उनके एक दृश्य से हजारों बच्चों के चेहरे पर मुसकराहट आ सकती थी। कोई भी असाधारण प्रतिभाशाली व्यक्ति अमूर्त रूप से इनसानियत से प्यार करता है; मगर महान् व्यक्तियों की जीवनियों से साबित होता है कि वे आम लोगों से सामान्य स्तर पर रिश्ता कायम नहीं कर पाते। पितृत्व और विवाह के बंधन को चार्ली आम इनसान की तरह स्वीकार नहीं कर पाए थे। आम जिंदगी के ढर्रे के खिलाफ उन्होंने अंत:प्रेरणा के साथ विद्रोह किया था।

जल्द ही मिल्ड्रेड और चार्ली के लिए हालात बदतर होते गए। चंचल, जिद्दी और भावनात्मक रूप से अविकसित मिल्ड्रेड उनसे औसत सामान्य पति के रूप में रूपांतरित होने की अपेक्षा रखती थी। चार्ली अजनबी, उदास और एकाकी व्यक्ति थे। उन्हें मिल्ड्रेड ने 'सर्द और बेरहम' बताया था।

विवाह के फैसले को लेकर चार्ली रुष्ट थे और उन्हें पछतावा हो रहा था। वे पलायन करना चाहते थे, जबकि मिल्ड्रेड उन्हें बंधन में बाँधकर रखना चाहती थी। वह चार्ली के मूल स्वभाव को समझ नहीं पाई थी और जीवन साथी के काल्पनिक आसन पर चार्ली को बिठाना चाहती थी।

लेचमान पार्क के शांत पहाड़ी इलाके में 2,000 डेमाइल ड्राइव के पास मिल्ड्रेड और उसकी माँ के लिए एक मकान किराए पर लिया गया। चार्ली ने परिवार का जिम्मेदार सदस्य बनने का प्रयास किया। मिल्ड्रेड अलग-थलग इलाके में नहीं रहना चाहती थी। वह सिनेमा जगत् के केंद्र में रहकर पार्टियों का आनंद उठाना चाहती थी। चार्ली ने उसकी इच्छाओं की परवाह नहीं की। मकान में कई नौकरों को नियुक्त किया गया। मिल्ड्रेड के लिए कार और ड्राइवर का इंतजाम किया गया। घरेलू चीजों, कपड़ों और ऐशो-आराम की चीजें खरीदने के लिए मिल्ड्रेड को पर्याप्त धनराशि दी गई। लेकिन मिल्ड्रेड समझ नहीं पाई कि चार्ली इन सारी चीजों को छोड़कर अपना प्यार उसे नहीं दे सकते थे।

चार्ली सूर्योदय से पहले उठ जाते थे और सैर पर निकल पड़ते थे। अकसर साथ देने के लिए बिल्टयार होटल से कोनो को बुलाया जाता था। चार्ली के मकान से होटल की दूरी 10 मील थी। कोनो को पैदल चलकर आना पड़ता था।

चार्ली मिल्ड्रेड और उसकी माँ को अपने बड़े मकान में कुढ़ने के लिए छोड़ देते थे, जहाँ माँ-बेटी नाश्ता करती थीं और कभी-कभी दो दिनों तक चार्ली घर नहीं लौटते थे। मिल्ड्रेड गर्भवती थी और अत्यंत संवेदनशील थी। चार्ली के उपेक्षापूर्ण बरताव को देखते हुए मिल्ड्रेड की माँ चिंतित थी कि इस तरह परेशान व चिंतित रहने से माँ और गर्भ में पल रहे बच्चे पर विपरीत प्रभाव पड़ सकता था। ऐसा कम ही होता था, जब भोजन के वक्त चार्ली मौजूद रहते थे। ऐसे मौके पर भी वे चिड़चिड़े बने रहते थे। उन्हें बस पलायन का विचार प्रेरित करता रहता था। रोमांस का सपना हवा हो गया था, जिसकी कल्पना कर उनकी प्रशंसिकाएँ आहें भरा करती थीं।

मिल्ड्रेड ने चार्ली को मनाने के बारे में विचार किया और रिश्ते को मधुर बनाने के बारे में सोचा, जबकि उसे पता नहीं था कि चार्ली के मन में उसे लेकर किसी तरह का लगाव बचा नहीं रह गया था। जब चार्ली क्लब में रात गुजारने लगे

तब मिल्ड्रेड रोज स्टूडियो में फोन करती थी। टॉम हैरिंगटन को चार्ली ने निर्देश दे रखा था कि काम करते समय उन्हें फोन पर बात करने के लिए नहीं कहा जाए और यही बात मिल्ड्रेड को भी बता दी जाए।

कम उम्र की मिल्ड्रेड लगातार परेशान रहने लगी और ऐसी स्थिति का प्रभाव मिल्ड्रेड व बच्चे पर पड़ा। बच्चा जब जनमा तो उसका स्वरूप विकृत था। वह इस कदर कमजोर था कि उसका ऑपरेशन नहीं किया जा सकता था। कुछ घंटों बाद ही उसकी मौत हो गई थी।

लेचमान पार्क के मकान का छह महीने का अनुबंध समाप्त हो गया। चार्ली ने बेवर्ली हिल्स के 674 साउथ ऑक्सफोर्ड ड्राइव में दूसरा मकान किराए पर ले लिया था। अभी भी मिल्ड्रेड के लिए ऐशो-आराम की तमाम चीजों का इंतजाम चार्ली ने किया था। स्वयं चार्ली हमेशा के लिए क्लब में रहने चले गए थे।

बच्चे की मौत के बाद चार्ली विषादग्रस्त हो गए थे। दूसरी तरफ वे मिल्ड्रेड को तलाक का निर्णय लेने के लिए उकसाने की अनवरत कोशिश करते रहे थे। दूसरी तरफ मिल्ड्रेड चार्ली को आम पतियों के ढाँचे में ढालने के हठ पर अड़ी हुई थी। इस तरह गतिरोध की स्थिति पैदा हो गई थी। चार्ली सार्वजनिक रूप से कई लड़कियों के साथ नजर आने लगे। वे चाहते थे कि यह सब देखकर मिल्ड्रेड अपनी प्रतिष्ठा बचाने के लिए तलाक लेने का निर्णय ले ले। वे चाहते थे कि मिल्ड्रेड नाकाबिले बरदाश्त हालात से निजात पाने के लिए कानूनी तौर पर उनसे मुक्त होने के लिए तैयार हो जाए।

जब चार्ली ने हॉलीवुड के सनसेट बॉलेवार्ड और ला ब्री एवेन्यू में चैप्लिन स्टूडियो के लिए जमीन खरीदी तो सनसेट बॉलेवार्ड के सामने विशाल मकान भी खरीद लिया। वे मकान को तोड़कर वहाँ दफ्तर का निर्माण करना चाहते थे; लेकिन प्रचलित नियम के अनुसार वे रिहाइशी इलाके में इस तरह का निर्माण कार्य नहीं करवा सकते थे। उन्होंने मकान को तोड़ने की जगह उसे सजाने-सँवारने पर काफी खर्च किया। उन्हें वहाँ रहना पसंद नहीं था, क्योंकि वह मकान स्टूडियो के करीब था। वे क्लब में रहना ही पसंद करते थे।

चार्ली ने अपने सहयोगी कोनो को पत्नी और पुत्र के साथ उस मकान में रहने की इजाजत दे दी। जल्द ही कोनो को पता चल गया कि इस फैसले के पीछे चार्ली का असली मकसद क्या था। रात में चार्ली कई लड़कियों के साथ उस मकान में पहुँच जाते और कोनो से डिनर का इंतजाम करने के लिए कहते। फिर लिविंग रूम में फायर प्लेस के सामने भोजन परोसा जाता था।

मिल्ड्रेड घर की चारदीवारी के भीतर परेशान रहने लगी। रातों में अकसर वह कार में सवार हो जाती और ड्राइवर से ऑक्सफोर्ड व विलसायर बॉलेवार्ड के इलाके में ले जाने के लिए कहती, जहाँ से चार्ली कार में सवार होकर लॉस एंजिल्स के एथलेटिक क्लब जाते थे। कोनो उनकी कार चलाता था। कार की पिछली सीट पर छिपकर बैठे चार्ली मिल्ड्रेड की दयनीय आकृति की तरफ देखते थे, जो उनकी एक झलक पाने के लिए या उनसे दो बातें करने के लिए कार में बैठी इंतजार कर रही होती थी। तब उन्हें खुद पर, मिल्ड्रेड पर, दुनिया पर और जीवन की क्षणभंगुरता पर गुस्सा आता था। वैसी स्थिति में वे कोनो से कार की रफ्तार बढ़ाने के लिए कहते थे। कोनो के मन में मिल्ड्रेड के प्रति हमदर्दी उभरती थी, जो अपने पति से शारीरिक रूप से ही नहीं, मानसिक रूप से भी दूर हो गई थी। वह एक उपेक्षित पत्नी बन चुकी थी।

जैसा चार्ली चाहते थे, उनकी कथित रँगरेलियों के किस्से मिल्ड्रेड तक पहुँचने लगे थे। आखिरकार मिल्ड्रेड अपनी प्रिय सहेली अनीता स्टीवर्ट की सलाह मानने के लिए तैयार हो गई थी। अनीता का कहना था कि चार्ली के मन में ईर्ष्या का भाव पैदा करने के लिए मिल्ड्रेड को अपने घर में पुरुष मित्रों को नियमित रूप से आमंत्रित करना चाहिए। इस बात की सूचना चार्ली को मिलनी चाहिए और फिर इसके प्रभाव को देखना चाहिए। इस तरह शायद चार्ली को अपनी गलती का अहसास हो सकता था। अनीता ने समझाया कि एक गैर-जिम्मेदार पति को अपनी तरफ आकर्षित करने के लिए यह अचूक उपाय हो सकता था।

मिल्ड्रेड हिचकती हुई इस सुझाव को मानने के लिए तैयार हुई। उसने अनीता के भाई जॉर्ज स्टीवर्ट को अपने पुरुष मित्र की भूमिका निभाने के लिए तैयार कर लिया। दोनों सहेलियों का मानना था कि यह सुरक्षित तरीका था, क्योंकि जॉर्ज अनीता का भाई था। इस तरह हर हफ्ते जॉर्ज अपनी बहन अनीता के साथ मिल्ड्रेड के घर डिनर में शामिल होने के लिए आने लगा। वे इस घटनाक्रम की खबर चार्ली के कानों तक पहुँचाने में भी सफल हुए। उनकी योजना सफल हुई, मगर उस तरह नहीं जैसा उन्होंने सोचा था। जब चार्ली को पता चला कि मिल्ड्रेड एक पुरुष में दिलचस्पी ले रही थी तो उन्हें खुशी महसूस हुई। कई महीने से विषाद का साया उनके ऊपर काबिज था, अब वे उस साए का आकार घटते हुए महसूस कर रहे थे। अब उन्हें अपने प्रति और संसार के प्रति नाराजगी कम महसूस होने लगी थी। उन्हें यकीन होने लगा था कि मिल्ड्रेड अब जॉर्ज स्टीवर्ट के प्रति आकर्षित हो चुकी थी। उन्हें लग रहा था कि बोझ बन चुके विवाह के बंधन से मुक्त होने के लिए वे इस

प्रेम संबंध का इस्तेमाल बहाने के रूप में कर सकते थे।

एक शाम कोनो कार चला रहा था और पिछली सीट पर चार्ली बैठे थे। वे एथलेटिक क्लब की तरफ लौट रहे थे। उसी समय चार्ली को विचार सूझा कि क्यों न मिल्ड्रेड के घर के परिसर में घुसकर जासूसी की जाए और पता लगाया जाए कि घर के भीतर क्या चल रहा था। कोनो को यह विचार पसंद नहीं आया था। कोनो ने तर्क दिया कि अगर चार्ली पत्नी के खिलाफ प्रमाण चाहते थे तो उन्हें हॉलीवुड में प्रचलित तरीके के अनुसार किसी जासूस को नियुक्त कर देना चाहिए था। मगर चार्ली स्वयं ही जासूसी करने के फैसले पर अडिग बने हुए थे। कोनो निरुत्तर हो गया था और उसने कार रोक दी थी। दोनों कार से उतरे।

''अपने जूते उतार दो।'' चार्ली ने आदेश दिया। कोनो ने वैसा ही किया। ''अब तुम आगे चलो।'' चार्ली ने कहा, ''मैं पीछे-पीछे आता हूँ।''

कोनो ने मन-ही-मन कहा, 'अच्छा मजाक कर रहे हैं। अगर गोली चली तो मेरी ही जान जाएगी।'

बिल्ली की तरह दबे पाँव दोनों घर के पिछवाड़े तक पहुँच गए। वहाँ कोई कार नजर नहीं आ रही थी। माहौल शांत था। केवल ऊपरी मंजिल पर मिल्ड्रेड के बेडरूम में रोशनी नजर आ रही थी। दोनों कार में वापस लौट आए।

तीन रातों तक यह सिलसिला दोहराया गया। फिर चिर प्रतीक्षित रात आ गई।

घर को रोशनी से जगमगाते हुए देखकर चार्ली पुलकित हो उठे। पहले की तरह चार्ली और कोनो दबे पाँव घर के परिसर में पहुँच गए। उन्होंने देखा कि दो कारें खड़ी थीं।

कोनो के पीछे चलते हुए चार्ली एक दरवाजे के पास पहुँचे। दरवाजे के शीशे से वे भीतर के दृश्यों को देख सकते थे; मगर जैसे ही वे दरवाजे की तरफ बढ़े, एक कड़कती हुई मर्दानी आवाज सुनाई पड़ी। उन्हें ठिठक जाने का आदेश दिया गया था। कोनो ने अपने पीछे से कदमों की आवाज सुनी और समझ गया कि मुसीबत के मुँह में उसे अकेला छोड़कर चार्ली भाग चुके थे। कोनो ने सहमते हुए देखा, एक तगड़ा आदमी पिस्तौल लेकर खड़ा था और उसे घूर रहा था। वह एक जासूस था।

''तुम यहाँ क्या कर रहे हो?'' जासूस दहाड़ा।

''क्यों···क्यों पूछ रहो हो? यह मेरा घर है।'' हकलाते हुए कोनो ने कहा।

''अच्छा? ऐसी बात है! लेकिन अब तुम यहाँ नहीं रहते। यहाँ से भागो और जिस बौने के लिए तुम काम करते हो, उससे भी भाग जाने के लिए कहो।''

कोनो दौड़ता हुआ गया और सारा हाल चार्ली को बता दिया। चार्ली ने कोनो से जूते पहनकर जासूस के पास जाने के लिए कहा और रुपए के बदले उनकी खातिर काम करने का प्रस्ताव देने के लिए कहा।

सहमते हुए कोनो एक बार फिर दरवाजे की तरफ गया। वह शंकित था कि कहीं मिल्ड्रेड का जासूस उसे गोली न मार दे और अदालत में उसे घुसपैठिया न साबित कर दे। जासूस सतर्क बना हुआ था।

''अब तुम क्या चाहते हो?'' गोली की तरह सवाल उसके मुँह से निकला था।

''चैप्लिन महाशय तुमसे मिलना चाहते हैं।'' कोनो ने नर्म स्वर में उत्तर दिया।

''न तो मैं चैप्लिन से बात करना चाहता हूँ, न ही तुमसे। उनकी पत्नी उन्हें यहाँ देखना नहीं चाहती। इसलिए तुम दोनों यहाँ से दफा हो जाओ।''

''लेकिन तुम समझ नहीं पा रहे हो।'' कोनो ने राज भरे स्वर में कहा, ''अगर तुम चैप्लिन महाशय को उनकी पत्नी की हरकतों की सूचनाएँ दोगे तो वे तुम्हें मुँह-माँगी रकम देंगे।''

जासूस ने कठोर स्वर में कहा, ''अपने मालिक से कहो, मुझे बात नहीं करनी है। मैंने इस महिला की हिफाजत की जवाबदेही की है और तुम्हारा मालिक इतना अमीर नहीं है कि मेरी वफादारी खरीद सके।''

कोनो अपना-सा मुँह लेकर वहाँ से लौट आया। उसने जासूस की बात चार्ली को बता दी। इसके बाद कई हफ्ते तक चार्ली ने अपनी पत्नी की जासूसी करने की कोई कोशिश नहीं की। कोनो को लगा कि चार्ली ने इस विषय को भुला दिया था। लेकिन यह बात नहीं थी।

कुछ हफ्ते के बाद चार्ली उत्तेजित मुद्रा में कोनो के कमरे में पहुँचे। मिल्ड्रेड ने एक जलयान किराए पर लिया था, उन्होंने बताया। आठ लोगों के साथ मिल्ड्रेड की पार्टी रात भर चलती रही थी। उन्होंने कुछ मेहमानों के नाम सुने थे, जिनमें अनीता स्टीवर्ट और उसके भाई जॉर्ज भी शामिल थे। उन्होंने अपने वकील आर्थर राइट और सहायक टॉम हैरिंगटन को फोन पर तैयार रहने के लिए कहा। वे लॉस एंजिल्स के समुद्रतटीय नगर सैन पेडरो पेड्रो जाकर पार्टी के बारे में सूचनाएँ एकत्र करना चाहते थे।

तीनों कार से सैन पेड्रो पहुँचे, जहाँ काफी पूछताछ करने के बाद उन्होंने उस जलयान का पता लगा लिया, जिस पर मिल्ड्रेड की पार्टी आयोजित हुई थी। जलयान का कप्तान नॉर्वे का निवासी था। उसे घर से बुलाया गया, ताकि उससे पार्टी का

विवरण पूछा जा सके।

कप्तान ने उन्हें बताया कि पार्टी में किसी का आचरण संदेहजनक नहीं था। मिल्ड्रेड शालीनता के साथ पेश आ रही थी। किसी ने शराब नहीं पी थी। ग्रामोफोन बजाकर सभी नृत्य कर रहे थे। डिनर के बाद सभी अपने-अपने कमरे में सोने के लिए चले गए थे।

चार्ली की दिलचस्पी अब जासूसी करने में नहीं रह गई थी। वे फिल्म बनाने में नए सिरे से जुट गए थे। उन्हें इस बात की तसल्ली थी कि मिल्ड्रेड अपने खुश रहने के बहाने तलाश रही थी।

□

तलाक और द किड

चार्ली विख्यात, देखने में अच्छे और अत्यंत धनी थे। वे आसानी से दिल दे बैठते थे। उनके इसी स्वभाव ने उन्हें फिल्मों में अभिनय करने का अवसर पाने और उनके ऐश्वर्य में साझेदारी करने के लालच में फँसी सुंदरियों का लक्ष्य बना दिया था।

परेशानी तो यह थी कि चार्ली के दिलो-दिमाग पर उनका काम पूरी तरह हावी था। यही वजह थी कि वे आसानी से और जल्दी ही प्यार के भँवर से निकल आते थे।

मिल्ड्रेड के साथ उनका वैवाहिक जीवन शुरू से ही निराशाजनक रहा। चार्ली इतने नाखुश थे कि उनके लिए फिल्में बनाना भी मुश्किल हो गया था। इस सबके बावजूद उन्होंने एक महत्त्वपूर्ण फैसला लिया। उन्होंने डगलस फेअरबैंक्स, जिन्हें वे अपना एकमात्र और वास्तविक मित्र मानते थे, उनकी पत्नी मैरी पिकफोर्ड और फिल्म निर्देशक डी.डब्ल्यू. ग्रीफिथ के साथ साझेदारी में एक स्वतंत्र स्टूडियो स्थापित करने की योजना बनानी शुरू की। इस स्टूडियो का नाम 'यूनाइटेड आर्टिस्ट्स' रखा जाना तय हुआ।

7 जुलाई, 1919 को मिल्ड्रेड ने एक शिशु को जन्म दिया, जिसकी मौत हो गई।

चार्ली के पास इस दुःख का सामना करने का केवल एक ही तरीका था। वे एक नई फीचर फिल्म 'द किड' के निर्माण में व्यस्त हो गए।

कम-से-कम मुख्य भूमिका के लिए चार्ली के पास एक कुशल अभिनेता मौजूद था—चार वर्षीय जैकी लूगैन। चार्ली ने जैकी के पिता को, जो एक सनकी

नर्तक थे, मंच पर उनके एक नृत्य प्रस्तुतीकरण के दौरान देखा था। अपना कार्यक्रम समाप्त हो जाने पर वे अपने बेटे को मंच पर लाए थे। जैकी ने अपने पिता की नकल बड़े चाव से उतारी थी और सारे दर्शकों का दिल जीत लिया था, ठीक वैसे ही जैसे कि कम उम्र के चार्ली ने एक बार किया था। चार्ली इस परिवार से उनके होटल में मिले। चार्ली और यह बालक दोनों एक-दूसरे को भा गए। चार्ली ने जैकी को बहला-फुसलाकर उससे सुंदर अभिनय कराया। 'द ट्रैंप' और 'द किड' की कहानी हर किसी के दिल को छू गई और फिल्म को अपार सफलता मिली। अंततः इसे 50 देशों में प्रदर्शित किया गया।

फिल्म 'द किड' में एक अन्य सामाजिक समस्या की ओर ध्यान दिलाया गया था, जिसकी वजह से चार्ली बहुत ज्यादा परेशान रहा करते थे—परित्यक्त बच्चों के साथ किया जानेवाला व्यवहार। वे भय के उस अहसास को कभी नहीं भुला पाए, जो उन्हें अनाथालय में जाते समय हुआ था। फिल्म के पहले दृश्य में एडना को, जिसका एकमात्र पाप यह था कि वह माँ बन गई थी, अपने शिशु के साथ अस्पताल से बाहर आते दिखाया गया है। आत्महत्या करने का मन बनाकर वह अपने नवजात शिशु को एक महँगी कार की डिक्की में लिटा देती है और साथ ही एक चिट्ठी छोड़ जाती है, जिसमें बच्चा पानेवाले से उसकी देखभाल और हिफाजत करने की विनती की गई है। वह कार चुरा ली जाती है और शिशु को सड़क पर एक कोने में डाल दिया जाता है, जहाँ ट्रैंप की नजर उस पर पड़ती है और वह न चाहते हुए भी उसका अभिभावक बन जाता है। उसके बाद ट्रैंप को यह सीखना पड़ता है कि बच्चे की देखभाल कैसे करनी चाहिए—वह हेयॉक से पालना बनाता है और पुराने कॉफी पात्र से दूध पिलाने की बोतल।

जैकी लूगैन ने उस बच्चे की भूमिका उसके 5 वर्ष का हो जाने के बाद से निभाई है। चार्ली और जैकी की दोस्ती परदे पर जीवंत हो उठती है और उनके बीच मर्मस्पर्शी व प्यार भरा संबंध स्थापित हो जाता है। यह बात फिल्म को और

आकर्षक बना देती है। किड और ट्रैंप अपने धंधे में लग जाते हैं और साथ ही कानून भी उनके पीछे पड़ जाता है। वे सारी परिस्थितियों का अत्यंत हास्यास्पद ढंग से मुकाबला करते हैं।

लेकिन फिल्म 'द किड' की माँ बच्चे को नहीं भुला पाई है। इन दिनों वह एक सफल ऑपेरा गायिका है। एक झगड़े के दौरान उसका सामना अपने बच्चे और ट्रैंप से होता है, लेकिन वह बच्चे को पहचान नहीं पाती। ऐसा आगे चलकर उस समय होता है जब बच्चा बीमार पड़ जाता है और पहले स्वयं ही बच्चे का इलाज करने की कोशिशों के बाद ट्रैंप डॉक्टर को बुलाता है और एडना को पता चलता है कि वह लड़का उसी का है। डॉक्टर द्वारा यह पूछे जाने पर कि क्या वह ही उस लड़के का बाप है, चार्ली उस बच्चे के साथ मिली चिट्ठी डॉक्टर को दिखा देता है। अनाथालय के अधिकारियों को सूचित कर दिया जाता है, ताकि लड़के की सही ढंग से परवरिश की जा सके और उसका ध्यान रखा जा सके। साथ ही एडना को बताया जाता है कि वह लड़का उसका गुमशुदा बच्चा लगता है, क्योंकि उसके बारे में एडना द्वारा दिया गया विवरण बच्चे की कहानी से मेल खाता है।

डॉ. रॉबिंसन द्वारा लिखी गई चार्ली की जीवनी में इस दृश्य को 'फिल्म का अत्यंत असाधारण और निस्संदेह समूचे सिने इतिहास का अविस्मरणीय दृश्य' बताया गया है। लड़का अनाथालय की लॉरी में भटके हुए बच्चे की तरह गठरी बना बैठा है। निराश ट्रैंप, जिसके पीछे-पीछे पुलिस का एक सिपाही चल रहा है, गाड़ी को रोकने और अपने 'बेटे' को छुड़ाने के लिए गाड़ियों की छतों को लाँघता हुआ आगे बढ़ता है। वह लड़के को अनाथालय के खतरों का सामना करने से बचा लेता है और इस तरह से 'हीरो' बन जाता है।

फिल्म का अंत उस दृश्य के साथ होता है, जिसमें लड़के का अपनी माँ से मिलन होता है और ट्रैंप को भव्य बँगले में आमंत्रित किया जाता है।

फिल्म 'द किड' की सफलता एक प्रकार से चार्ली की दूसरी फिल्मों से भिन्न थी। इस फिल्म में नाटक अधिक और कॉमेडी बहुत कम है। दर्शकों ने इस फिल्म को इसकी सशक्त भाव-प्रवणता के कारण पसंद किया। परित्यक्त बच्चे को प्यार की आवश्यकता थी और गरीब तथा पिता होने के अयोग्य ट्रैंप एकमात्र ऐसा व्यक्ति था, जो बच्चे को यह प्यार मुहैया करा सकता था। पिता और बेटे के बीच विकसित प्रेम का वह बंधन इतना सशक्त था कि उसे तोड़ा नहीं जा सकता था।

लेकिन चार्ली की निजी दुनिया टूटती-बिखरती रही। अप्रैल 1920 में मिल्ड्रेड ने तलाक का मुकदमा दायर कर दिया और उसी वर्ष नवंबर में सरकारी तौर पर वे दोनों अलग हो गए। □

जीवन के पथ पर

कंगाली के जीवन से शुरुआत करने के बावजूद चार्ली छब्बीस 26 वर्ष की आयु में विश्वविख्यात अभिनेता बन चुके थे। वे संभवत: पहले व्यक्ति थे, जिन्हें प्रशंसकों ने रॉक सितारों की तरह सराहा था।

22 अगस्त, 1921 को चार्ली ने अचानक उस नई फिल्म को बीच में ही छोड़ दिया, जिस पर वे काम कर रहे थे और उन्होंने यूरोप जाने की घोषणा कर दी। पाँच दिन बाद वे जहाज से लंदन रवाना हो गए।

उनके मस्तिष्क में अतीत और वर्तमान दोनों एक साथ घूम रहे थे। सन् 1910 में फ्रेड कार्नो के साथ वे एक युवा हास्य कलाकार की हैसियत से समुद्र के रास्ते अमेरिका गए थे। वे इसलिए अत्यंत कृतज्ञ थे कि उन्हें काम मिल रहा था। अब मात्र 11 वर्षों के बाद वे संभवत: दुनिया के अत्यंत विख्यात व्यक्तियों में से थे।

लंदन तक की रेल-यात्रा के दौरान हर स्टेशन पर उनकी गाड़ी को गुजरते देखने के लिए लोगों की भीड़ जमा थी और लंदन का स्टेशन तो हर्षोन्मत्त भीड़ से खचाखच भरा हुआ था।

वे जिस होटल में ठहरे हुए थे, उसके पिछले दरवाजे से निकलकर उन स्थानों को देखने गए, जहाँ उन्होंने भूख और चिंताओं से भरा अपना बचपन गुजारा था और जिसकी यादें उन्होंने अपनी अनेक फिल्मों में ताजा की थीं। वह एक अलग दुनिया थी। वह एक भिन्न चार्ली था, जिसे वे याद कर रहे थे। फिर भी, ऐसी चीजें भी थीं, जिनमें शायद ही कोई परिवर्तन हुआ था।

वे उन लोगों से भी मिले, जिनसे वे अपने बचपन से परिचित थे। भले ही उन्होंने गरीबी के विरुद्ध संघर्ष करनेवाले लोगों के प्रति अपना सम्मान और गरीबी से ग्रस्त लोगों के प्रति अपनी दया-भावना को बनाए रखा था, अब यह दुनिया

उनकी दुनिया नहीं रही थी। वे अब दूसरे लोगों से मिल रहे थे—विख्यात हस्तियाँ, लेखक, अभिनेता एवं राजनीतिज्ञ—और वह भी बराबरी के आधार पर। वे कभी फ्रांस जाते तो कभी जर्मनी, लेकिन अक्तूबर 1921 में वे अमेरिका लौट आए।

लॉस एंजिल्स पहुँचकर चार्ली फर्स्ट नेशनल स्टूडियो के साथ अपने अनुबंध के तहत अंतिम फिल्में पूरी करने में लग गए। इस स्टूडियो ने उन्हें बहुत तंग किया था। एक बार तो उन्होंने स्टूडियो पर 10 करोड़ डॉलर के हर्जाने का दावा ठोंकने का करीब-करीब इरादा कर लिया था। वे इस स्टूडियो से छुट्टी पाना चाहते थे।

फिल्म 'द पिलग्रिम' पूरी कर लेने के बाद चार्ली यूनाइटेड आर्टिस्ट्स के लिए फिल्म बनाने की स्थिति में आ गए। नई फिल्म उनकी बहत्तरवीं फिल्म थी। इसमें उन्होंने छोटी सी भूमिका निभाई थी, जिसने उनके दर्शकों को उलझन में डाल दिया था। लेकिन अपनी अगली फिल्म में उन्होंने दर्शकों को उनका 'ट्रैंप' वापस लौटा दिया और वह भी पहले की तुलना में कहीं अधिक कल्पनाशील ढंग से।

उन्होंने अपने लिए पुनः एक असंभावित विषय का चुनाव किया और अपनी हास्य प्रतिभा को एक भारी सामाजिक अन्याय को खत्म करने में लगाया। वे क्लोंडाइक में खानों से सोना निकालनेवालों की कठिनाइयों के बारे में पढ़ते रहते थे। उन्होंने फिल्म 'द गोल्ड रश' बनाने का फैसला किया, जो उनकी अत्यंत प्रसिद्ध फिल्मों में से थी।

यह फिल्म कॉमेडी के क्षेत्र में नए प्रयोगों से भरी थी, लेकिन इसमें कारुणिकता के क्षण भी थे। बेचारे चार्ली को अपनी प्रेमिका और उसकी सहेलियों के लिए डिनर तैयार करने के मामले में काफी परेशानी और तकलीफों से गुजरना पड़ता है, लेकिन कोई भी नहीं आता। अंत में चार्ली उस लड़की का दिल जीतने में सफल हो जाते हैं, और सोना पाने में भी।

आज की तरह उन दिनों विजुअल इफेक्ट मौजूद नहीं थे। सारा काम विस्तृत मॉडल बनाकर चतुराई भरी युक्तियों तथा कैमरों के 'शॉट्स' की मदद से और काट-छाँट करके किया जाता था।

स्टूडियो में पहाड़ों और बर्फीले तूफान का दृश्य तैयार करने के लिए 2,39,577 फीट लकड़ी, 22,750 फीट प्लास्टर और 285 टन नमक, 100 बैरल आटा और 4 गाड़ी रंगीन कागज के छोटे-छोटे टुकड़ों की आवश्यकता थी। चार्ली ने सामान्य से कहीं अधिक फिल्म की शूटिंग कर डाली थी। उन्होंने 2,31,505 फीट फिल्म का संपादन करके इससे 8,555 फीट लंबी फिल्म तैयार की।

हालाँकि परदे पर चार्ली की कहानी का अंत सुखद रहा था, वास्तविक जीवन में स्थिति एकदम भिन्न थी।

नवंबर 1924 में चार्ली ने अपनी फिल्मों की नायिका लिटा ग्रे से विवाह कर लिया। यह विवाह भी पहले से कोई ज्यादा बेहतर साबित नहीं हुआ। इस विवाह से दो बेटों, सिडनी और चार्ल्स, का जन्म हुआ; लेकिन वैवाहिक जीवन बद से बदतर होता चला गया और सन् 1926 में लीटा बच्चों को साथ लेकर घर छोड़कर चली गई। चार्ली इस दुःख से उबर तो गए थे, लेकिन यह उनके जीवन की एक और निराशाजनक अवधि थी।

अपने निजी जीवन में उथल-पुथल के बावजूद चार्ली ने अपना काम जारी रखा और 'द सर्कस' नामक फिल्म बनाई। सितंबर 1927 में स्टूडियो में आग लग जाने पर हालात और बिगड़ गए। इस अग्निकांड में फिल्म का पूरा सेट जलकर राख हो गया; लेकिन उन्होंने अपना काम जारी रखा।

रस्सी पर चलना सीखने में उन्हें केवल एक सप्ताह लगा। इस सारे काम से निपट जाने पर उन्होंने जो राहत की साँस महसूस की थी, वह जल्दी ही दुःख में बदल गई। प्रयोगशाला के घटिया काम से सारे 'वायर टेक' बरबाद हो गए थे। उन्हें सारा काम दोबारा करना पड़ा। चार्ली ने उस रस्सी पर कुल मिलाकर 700 से अधिक टेक दिए थे—और वह भी केवल कुछ एक मिनट की फिल्म के लिए।

शायद शेरों के पिंजरे में बिताया गया उनका समय और भी ज्यादा भयावह

रहा था। इस दृश्य को पूरा करने के लिए उन्हें 200 टेक देने पड़े थे—और बाद में इस संबंध में उन्होंने कहा था कि फिल्म में उनके चेहरे पर जो भय दिखाई देता था, वह कोई अभिनय न होकर वास्तविक था।

लीटा से तलाक मिल जाने और संघीय कर विभाग की ओर से माँग-पत्र प्राप्त होने का अर्थ यह था कि चार्ली को पैसे की बेहद जरूरत थी। फिल्म 'द सर्कस' का निर्माण कार्य पूरा होते ही वे 'सिटी लाइट्स' बनाने में लग गए।

लेकिन उन्हें अभी एक और विपत्ति का सामना करना था। 28 अगस्त, 1928 को उनकी माँ हाना का निधन हो गया । वे बेहद बीमार थीं, लेकिन वे और चार्ली एक दिन पहले तक साथ बैठकर हँस-बोल रहे थे। उसी रात वे बेहोश हो गईं और अपनी मृत्यु से पहले केवल एक ही बार होश में आई थीं।

उन्हें दु:ख भोगते देखना चार्ली के लिए अत्यंत पीड़ादायक रहा था। अब वे उनके सिरहाने खड़े थे और देख रहे थे कि मौत ने उनकी सारी उलझनों को दूर कर दिया था। उनके मन में सारे गीतों और कहानियों की तथा गरमियों में शाम के समय पाई जानेवाली आइसक्रीम की यादें ताजा हो उठी थीं और वे बहुत रोए थे।

हाना के संबंध में चार्ली ने कहा, "अगर मेरी माँ न होतीं तो मैं नहीं समझता कि मुझे पेंटोमाइम (मूक अभिनय) में इतनी सफलता मिली होती। वे अपने समय की महानतम पेंटोमाइम कलाकारों में से थीं।"

अगले कुछ वर्षों में चार्ली ने अपनी सर्वश्रेष्ठ फिल्मों में से तीन का निर्माण किया—'सिटी लाइट्स' (1931), 'मॉडर्न टाइम्स' (1936) और 'द ग्रेट डिक्टेटर' (1940)।

बोलती हुई फिल्में बनने लगी थीं, लेकिन चार्ली को उन पर भरोसा नहीं था। उनका मानना था कि जिन सीमाओं को मूकाभिनय की भाषा लाँघ सकती थी, उन्हें संवाद कभी नहीं लाँघ सकते थे। हालाँकि वार्नर ने उन्हीं दिनों (जिन दिनों चार्ली ने अपनी फिल्म 'सिटी लाइट्स' पर काम करना शुरू किया था) पहली बोलती फिल्म 'द लाइट्स ऑफ न्यूयॉर्क' रिलीज कर दी थी, जबकि चार्ली मूक फिल्म-शैली पर ही डटे रहे।

'सिटी लाइट्स' उनकी बाद की सभी फिल्मों में संभवत: महानतम फिल्म थी, लेकिन इसका निर्माण करने में उन्हें कठिन परिश्रम करना पड़ा और इसे पूरा करने में दो वर्ष लगे थे। कहानी में ट्रैंप एक फूल बेचनेवाली अंधी महिला का इलाज कराने के लिए पैसे बचाता है, जिसकी कल्पना में वह लखपति है। उसकी आँखों की रोशनी लौट आने पर ट्रैंप को यह बताते हुए बहुत घबराहट होती है कि उसके

इलाज के लिए पैसा किसने दिया था। चार्ली पूर्णता के कायल थे और उन्होंने छोटे-छोटे दृश्यों को बार-बार फिल्माया था—पूरी हो जाने पर इस फिल्म में कोई कमी दिखाई नहीं दी। यह एक संतुलित, हास्य प्रसंगों और संवेदनशीलता से भरपूर फिल्म थी। उन्होंने 8,093 फीट लंबी फिल्म बनाने के लिए 3,14,256 फीट फिल्म की शूटिंग की थी। काँट-छाँट करने के बाद जो कुछ बच रहा था, वह उत्कृष्ट था।

फिल्म का प्रीमियर फरवरी 1931 में लंदन में हुआ—और चार्ली उसमें शामिल होने के लिए इंग्लैंड गए।

इस बार वे हैन्वेल स्थित अपना पुराना स्कूल देखने गए और वहाँ जाकर अपनी पुरानी यादों में खो गए। इस यात्रा ने उनके अतीत को उनके सामने इतनी विविधतापूर्वक प्रस्तुत किया कि पिछले दिनों की सारी कटुता दूर हो गई लगती थी।

चार्ली के पास अपनी जन्मभूमि से संबंधित कुछ यादें ही थीं और 'देशभक्ति' संबंधी उनकी दो-टूक बातों से तो कई लोग नाराज भी हो गए थे। उन्होंने स्वयं अपनी आँखों से देखा था कि देशभक्ति आदमी को कहाँ पहुँचा सकती है—पूर्ण अनभिज्ञता और कट्टरता की ओर।

"विश्व को जिन विकृतियों का शिकार होना पड़ा है, उन सब में देशभक्ति सबसे बड़ा पागलपन है। मैंने पिछले कुछ महीनों में सारे यूरोप का भ्रमण किया है। हर जगह देशभक्ति मौजूद है और इसका नतीजा एक अन्य युद्ध के रूप में निकलने जा रहा है।" उनका कहना ठीक ही निकला, हालाँकि वह युद्ध 8 वर्ष बाद छिड़ा था।

वे दूर-पूर्व की यात्रा पर गए, जहाँ उनका यूरोप सरीखी हार्दिकता के साथ स्वागत हुआ। चार्ली की खामोशी को अनुवाद की आवश्यकता नहीं थी। 'लिटिल ट्रैंप' सभी का दोस्त जो था।

चार्ली जून 1932 में हॉलीवुड लौटे। अब वे 43 वर्ष के थे और उन सारी तकनीकों व परेशानियों के कारण बहुत दु:खी थे, जो उन्हें अपनी यात्राओं के दौरान देखने को मिली थीं। उन्होंने सर्वत्र मौजूद बेरोजगारी, गरीबी और अन्याय की समस्याओं को हल करने के लिए अर्थशास्त्र की एक कारगर पद्धति तैयार करने की कोशिश की। उन्हें इतनी जानकारी नहीं थी कि वे समस्याओं में निहित पेचीदगियों को समझ पाते। उनकी पद्धति कारगर साबित नहीं हो सकती थी।

वे तो बस फिल्में बना सकते थे। और इस तरह 'मॉडर्न टाइम्स' उनकी अगली फिल्म थी। इसमें ट्रैंप को एक ऐसी दुनिया में उलझा दिखाया गया है, जिसमें धन का महत्त्व इनसान से ज्यादा है, जिसे एक भारी-भरकम मशीन के दँतीले पहियों

की तरह इस्तेमाल किया जाता है। अंत में ट्रैंप उस बेसहारा युवती के साथ भाग निकलता है, जिसके साथ उसने दोस्ती गाँठ ली थी।

हमेशा की तरह यह फिल्म भी एक कॉमेडी थी और इसके माध्यम से चार्ली ने अमेरिका के 50 लाख बेरोजगारों के प्रति अपनी प्रतिक्रिया व्यक्त की थी। आरंभिक फिल्मों में ट्रैंप एक गरीब था, लेकिन 'मॉडर्न टाइम्स' में वह उन लाखों-करोड़ों आम लोगों में से था, जो हड़तालों, कारखानों में कार्य संबंधी परिस्थितियों, कम वेतन या बेरोजगारी से जूझ रहे थे।

कुछ वर्षों बाद 'मॉडर्न टाइम्स' को इस बात के सबूत के रूप में देखा गया कि चार्ली कम्युनिस्ट थे।

चार्ली को उस लड़की से प्यार हो गया, जिसने उस फिल्म में बेसहारा युवती की भूमिका निभाई थी। पॉलेट गोडार्ड और चार्ली ने शादी कर ली।

चार्ली के साथ निर्वाह करना मुश्किल था, क्योंकि वे जल्दी ही बुरा मान जाते थे और छोटी-छोटी बातों पर नाराज हो उठते थे। पॉलेट एक समझदार व प्रतिभाशाली युवती थी और उसे चार्ली के साथ जीवन बिताना मुश्किल लगा होगा। उसने खामोशी के साथ फिल्म जगत् में अपनी जगह बना ली और 7 वर्ष बाद सन् 1942 में चार्ली का तीसरा विवाह भी असफल हो गया।

यह 1938 का वर्ष था। चार्ली का अनुमान सही निकला। युद्ध छिड़ने वाला था। जर्मनी में रुडोल्फ हिटलर के नेतृत्व में नाजी पार्टी ने सत्ता पर कब्जा कर लिया था। 'नस्ल के शुद्धीकरण' की योजना के तहत अल्पसंख्यक समूहों, विशेष रूप से यहूदियों, की हत्या की जा रही थी। हिटलर विशाल रैलियों के जरिए जर्मन लोगों की देशभक्ति और महत्त्वाकांक्षा के उन्माद को भड़का रहा था।

विचित्र बात तो यह थी कि जर्मनी के बाहर ऐसे लोगों की संख्या अधिक नहीं थी, जो यह जानते थे कि वहाँ क्या कुछ हो रहा था। बहुत से लोगों ने हिटलर को एक खतरनाक कट्टरपंथी के रूप में नहीं, बल्कि एक अड़ियल विदूषक के रूप में देखा था। स्वयं चार्ली ने जर्मनी व स्पेन की घटनाओं पर ध्यान दिया और वे अधिकाधिक परेशान हो उठे।

अक्तूबर 1938 में उन्होंने फिल्म 'द ग्रेट डिक्टेटर' पर काम शुरू किया, जिसमें उन्होंने दुनिया को हिटलर की सम्मोहनकारी लोकप्रियता के खतरे के प्रति चेतावनी देने का प्रयास किया। उन्होंने तानाशाह 'हाइन्केल' और उसके डबल एक यहूदी दर्जी दोनों की भूमिका अभिनीत करके हिटलर का मजाक उड़ाया। कामचलाऊ व्यवस्था और मूक फिल्मों के दिन लद चुके थे। अब फिल्मों के लिए उचित

पटकथा और ध्वनि की व्यवस्था होती थी।

यह एक अद्भुत हास्य फिल्म थी। चार्ली को लगा कि वे कुछ कहना चाहते थे। छोटा दर्जी, जिसने हाइन्केल की जगह ले ली थी, लंबा भाषण देता है, जिसमें वह सेना से विवेक से काम लेने की अपील करता है—"हमें विवेकपूर्ण विश्व की स्थापना के लिए लड़ना चाहिए; ऐसा विश्व, जिसमें विज्ञान और प्रगति से मानवता की खुशहाली की दिशा में मार्ग प्रशस्त होगा। सैनिको, हमें लोकतंत्र के नाम पर संगठित होना चाहिए।"

यह एक निराशाजनक प्रयास था। जब सन् 1940 में यह फिल्म रिलीज हुई, संपूर्ण यूरोप युद्ध में फँसा था और सारी दुनिया जानती थी कि वहाँ क्या हो रहा था।

अभी तक अमेरिका यूरोपीय युद्ध में शामिल नहीं हुआ था; लेकिन 7 दिसंबर, 1941 को जापानियों ने पर्ल हार्बर पर हमला कर दिया और अमेरिका को मजबूरन युद्ध में शामिल होना पड़ा।

चार्ली को इस बात से कष्ट पहुँचा कि अमेरिका को, वह देश जिसे वे बेहद चाहते थे, न तो जर्मनी के आक्रमणकारियों के भयंकर प्रहारों के विरुद्ध अदम्य साहस के साथ डटे रूस की तकलीफों के बारे में कोई जानकारी थी और न ही उसके प्रति किसी प्रकार की चिंता।

चार्ली को रूसी नेता स्तालिन पर भरोसा नहीं था, लेकिन वे रूसी जनता का सम्मान करते थे और उन्होंने कई रैलियों में भाषण दिए तथा 'रूस के लिए सैनिक सहायता' की माँग की। उन्होंने श्रोताओं को 'कॉमरेड' के नाम से संबोधित करके उन्हें विस्मय में डाल दिया। उन्होंने कहा, "मैं कम्युनिस्ट नहीं हूँ। मैं तो एक इनसान हूँ और मेरा खयाल है कि मैं इनसानों की प्रतिक्रिया को समझता हूँ। कम्युनिस्ट अन्य दूसरों से अलग नहीं हैं। जब उनका बाजू या टाँग कट जाती है तो उन्हें भी उसी तरह तकलीफ होती है, जिस तरह इस हालत में यह तकलीफ हम सबको होती है और उनकी मौत भी हमारी तरह ही होती है। कम्युनिस्ट माँ भी दूसरी माताओं जैसी है। जब उसे यह दुःखद समाचार मिलता है कि अब उसके बेटे लौटकर नहीं आएँगे तो वह भी दूसरी माताओं की तरह रोती-बिलखती है।"

रूसियों को युद्ध में अपने दो 2 करोड़ लोगों के जीवन की आहुति देनी पड़ी। लेकिन इस प्रकार की बातें आनेवाले वर्षों में चार्ली के विरुद्ध काम में लाई गईं।

इसी बीच चार्ली को भी कुछ निजी परेशानियाँ भुगतनी पड़ीं। जॉन बेरी नाम की एक पागल महिला बंदूक लिये उनके घर आ धमकी और उसने स्वयं को मार डालने की धमकी दी तथा यह दावा किया कि चार्ली उसके बच्चे के पिता थे।

हालाँकि यह बात झूठ साबित हो गई, मगर चार्ली को 3 वर्षों तक अदालतों के चक्कर काटने पड़े।

लेकिन इस बार उन्हें कठिनाइयों का सामना अकेले ही नहीं करना पड़ा। सन् 1942 में उनकी मुलाकात एक किशोरी से हुई, जो महान् अमेरिकी नाटककार यूजीन ओ नील की बेटी थी। उन दिनों वह 17=18 वर्ष की थी। वह और चार्ली एक-दूसरे से बेहद प्यार करने लगे।

उस किशोरी का नाम था ऊना।

ऊना के चेहरे पर ऐसी कांति, सौम्यता और शरमीलापन दिखाई पड़ता था, जो उसे दूसरों से भिन्नता प्रदान करता था। लेकिन चार्ली को उसमें बुद्धि और साहस दोनों दिखाई दिए।

ऊना की माँ ने विवाह करने की उनकी योजना को अपनी मंजूरी दे दी; लेकिन शायद उसके पिता इसके खिलाफ थे। उनकी यह बात समझ में आती थी। आखिर चार्ली 54 वर्ष के थे—और वे पहले ही तीन बार विवाह कर चुके थे। चार्ली और ऊना ने ऊना के 18 वर्ष का होने तक विवाह न करने का निश्चय किया। उसके बाद ऊना को अपने पिता की स्वीकृति लेने की जरूरत नहीं थी।

16 जून, 1943 को चार्ली और ऊना का विवाह हो गया। 1 अगस्त, 1944 को उनकी पहली बेटी जेटैल्डीन का जन्म हुआ।

जनवरी 1945 में चार्ली ने 'मोशिए वेर्दू' नामक विचित्र कॉमेडी फिल्म बनानी शुरू की, जो फिर से एक भयावह वास्तविकता पर—लांद्रू नामक एक हत्यारे पर—आधारित थी। 'लिटिल ट्रैंप' जा चुका था। 'मोशिए वेर्दू' में चार्ली पैसे के लिए हत्या करनेवाले एक परिष्कृत, पके बालोंवाले भद्र पुरुष के रूप में परदे पर आते हैं। यह अत्यंत कटु व्यंग्य था; क्योंकि फिल्म की पटकथा का पात्र, जो हथियारों का निर्माता है, एक सम्मानित व्यवसायी है, भले ही वह हजारों लोगों की मौत के लिए जिम्मेदार है। वेर्दू को मृत्युदंड दे दिया जाता है। हथियारों का निर्माता पहले की ही तरह अपना धंधा जारी रखता है।

बेरी का मुकदमा भी छूट चुका था। आखिरकार लगता था कि उन्हें शांति और खुशहाली दोनों हासिल हो गए थे। लेकिन अमेरिका साम्यवाद के प्रति एक प्रकार के उन्माद और जुनून की हद तक भय का, उसके प्रति घृणा का शिकार हो गया था।

वेर्दू के बारे में प्रश्न पूछने के बजाय संवाददाता चार्ली पर कम्युनिस्टों के साथ सहानुभूति रखने का आरोप लगा रहे थे। अपने प्रश्नों के उत्तर में चार्ली द्वारा कही

गई संयत और विवेकपूर्ण बातों पर संवाददाताओं ने कोई ध्यान नहीं दिया था।

चार्ली ने प्रसन्नतापूर्वक स्वीकार किया कि उन्होंने युद्ध में रूसियों के साहस की सराहना की थी और यह कि उनके उदार मित्र भी थे। उन्हें अश्वेत अभिनेता पॉल रॉबसन और नाटककार बेर्टोल्ट ब्रेख्त जैसे व्यक्तियों के साथ अपनी मित्रता पर गर्व था, जो कम्युनिस्ट थे। अमेरिका ने उनके लिए जो कुछ किया था, उसके लिए चार्ली सदैव उसके प्रति कृतज्ञ रहे थे। लेकिन उन्होंने स्वयं को सर्वप्रथम और सर्वोपरि 'विश्व का नागरिक' माना।

उन्होंने स्पष्ट शब्दों में कहा था, ''मैं कम्युनिस्ट नहीं हूँ। मैं तो एक शांति-प्रेमी हूँ।''

समझदार लोग उन पर इस प्रकार के आरोप लगाए जाने से क्षुब्ध निराश थे और उनके समर्थन से चार्ली को बल मिला, लेकिन 'अन-अमेरिकन एक्टिविटीज कमेटी' की ताकत और उसका उन्माद बढ़ता ही जा रहा था। देश में अत्यंत निष्क्रिय वामपंथी संगठन के साथ संबंध या सहानुभूति रखनेवाले प्रत्येक व्यक्ति के सामने उसे गद्दार करार दे दिए जाने का खतरा मौजूद था।

कैथोलिक युद्ध-अनुभवी चार्ली को निर्वासित करने की माँग करने लगे। एक अवसर पर तो एफ.बी.आई. ने चार्ली से चार घंटे तक पूछताछ भी की थी। उसके अधिकारियों ने उनसे उनके निजी जीवन और उनके जाति-मूल के बारे में प्रश्न किए थे। उन्होंने साहसपूर्वक यह कहने से साफ इनकार कर दिया था कि उन्हें सभी कम्युनिस्टों से नफरत थी।

उत्पीड़न के इसी वातावरण की पृष्ठभूमि में उन्होंने नई फिल्म पर काम शुरू कर दिया। वे नहीं चाहते थे कि स्टूडियो खाली रहे और वहाँ काम न हो।

इस फिल्म का शीर्षक था—'लाइमलाइट'। यह संगीत परिसर के एक बूढ़े कलाकार और उस युवती की कहानी थी, जिसकी वह बूढ़ा कलाकार सफलता के पायदान ऊपर चढ़ने में मदद करता है। इस फिल्म में उन्होंने लंदन के तथा अपनी बाल्यावस्था के रंगमंचीय संस्मरणों का इस्तेमाल किया था। यह एक भावुकतापूर्ण फिल्म थी; लेकिन विविधतापूर्ण कॉमेडी और पुराने संगीत परिसरों से जुड़ी भावनाएँ उनकी अधिकांश फिल्मों में देखने को मिलती थीं।

ऊना की तरह सिडनी ने भी चार्ली को समर्थन दिया। सन् 1946 में उनके दूसरे बेटे माइकेल का और 1949 में जोसेफीन का जन्म हुआ। विक्टोरिया का जन्म सन् 1951 में हुआ।

अमेरिका की कम्युनिस्ट-विरोधी भावनाओं को एक नई और अधिक उन्मादपूर्ण आवाज मिल गई थी। सन् 1950 में जोसेफ मेकार्थी नामक एक सीनेटर ने घोषित

किया कि विदेश विभाग के पास 200 कम्युनिस्टों की एक सूची है। उन्माद की इस नई लहर के दौर में करीब-करीब हर किसी पर अमेरिका-विरोधी गतिविधियों में शामिल होने का आरोप लगा दिया जाता था तथा अदालत में मेकार्थी एवं उसके दुमछल्लों द्वारा उस व्यक्ति से ज़िरह की जाती थी और उसे अपमानित किया जाता था। शालीन, बुद्धिमान और प्रतिभाशाली लोग नौकरियों से हाथ धोते जा रहे थे तथा उनकी प्रतिष्ठा नष्ट होती जा रही थी। चारों ओर झूठ का बोलबाला था।

लोगों ने पुरानी रंजिशों का बदला लेने के लिए मेकार्थी का इस्तेमाल किया या फिर अपनी चमड़ी बचाने के लिए निर्दोष लोगों पर आरोप लगाए।

हॉलीवुड विशेष रूप से जोखिम से भरा था। कुछ साहसी पुरुषों और महिलाओं ने इस पागलपन के विरुद्ध आवाज उठाई थी; लेकिन कई लोग अपना सारा कुछ खो बैठे थे और उन्हें फिल्म उद्योग में दोबारा कभी काम नहीं मिल पाया था।

फिल्म 'लाइमलाइट' पूरी हो जाने पर चार्ली ने इसे प्रीमियर के लिए लंदन ले जाने का निश्चय किया।

उनके जहाज से रवाना होने के बाद अगले दिन घोषणा की गई कि अमेरिका के एटॉर्नी जनरल ने चार्ली का अमेरिका में पुन: प्रवेश निषिद्ध कर दिया है।

उन्हें निर्वासित कर दिया गया था।

लंदन में चार्ली का हार्दिक स्वागत हुआ और एक प्रतिभाशाली व्यक्ति के रूप में उनकी सराहना की गई। अमेरिका में उनके ऊपर द्वेषपूर्ण प्रहार जारी रहे; लेकिन कुछ एक समाचार-पत्रों ने उनका साथ दिया।

'द नेशन' ने लिखा—'चैप्लिन एक ऐसे कलाकार हैं, जिनकी उज्ज्वल प्रतिभा से उस देश का नाम दशकों तक ऊँचा रहा है, जिसे उन्होंने अपनाया था और जिनकी प्रतिभा ने विश्व को आनंदित किया है।'

लेकिन एफ.बी.आई. ऐसी सामग्री ढूँढ़ निकालने की कोशिश में परिवार के नौकरों से पूछताछ करती रही, जिससे चार्ली को बदनाम किया जा सके। उन्होंने लीटा ग्रे से जिरह की, जो 25 वर्ष पहले चार्ली की पत्नी थी। लेकिन लीटा ने साहसपूर्वक ऐसा कुछ भी कहने से इनकार कर दिया, जिससे चार्ली को हानि पहुँचती।

चार्ली अमेरिका वापस नहीं आ सकते थे, इसलिए परिवार स्विट्जरलैंड चला गया। जनवरी 1953 में वे कोर्लिए-स्युट-वेवे स्थित एक सुंदर मकान में जा बसे। उन्होंने अपना शेष जीवन वहीं गुजारा।

अगर अमेरिका ने चार्ली की भर्त्सना की थी तो दूसरी ओर उनका परिवार—अब तक उनके पाँच बच्चे हो चुके थे—जेराल्डीन, माइकेल, जोसेफीन, विक्टोरिया

और यूजीन—उनके साथ था और शेष दुनिया की शुभकामनाएँ भी।

मई 1954 में चार्ली को विश्व शांति परिषद् से सम्मानित किया गया। उन्होंने पुरस्कार में मिली राशि पेरिस और लंदन के गरीबों की सहायतार्थ दान कर दी।

उन्होंने 'ए किंग इन न्यूयॉर्क' नामक एक अन्य फिल्म बनानी शुरू की, लेकिन दुःख की बात थी कि उसे सफलता नहीं मिली। यह मेकार्थीवाद पर एक प्रहार था। शायद उनकी कटुता ने उनकी प्रतिभा का दम घोंट दिया था।

उनके यहाँ तीन और बच्चे पैदा हुए—सन् 1957 में जेन, 1959 में ऐनेट और 1964 में क्रिस्टोफर। सन् 1962 में चार्ली को, जिसने समुचित रूप से शिक्षा भी नहीं पाई थी, ऑक्सफोर्ड और डरहम विश्वविद्यालयों ने डॉक्टरेट की मानद उपाधियों से सम्मानित किया; लेकिन उन्हें दुःख का सामना भी करना पड़ा। सन् 1965 में अपने जन्मदिन पर चार्ली को अपने भाई सिडनी की मृत्यु का समाचार मिला।

अविश्वसनीय रूप से कठिन परिश्रम, अपार सफलताओं, दुःखों और परीक्षा की घड़ियों से भरपूर जीवन के बाद ऐसा लगता था कि चार्ली स्वर्ण युग में प्रवेश कर चुके थे।

उन्होंने कहा था, "काम करना ही जीवन है—और मुझे जीवन से प्यार है।"

□

अंतिम चरण

चार्ली चैप्लिन ने अपना सर्वश्रेष्ठ सृजन अमेरिका में रहकर किया। वे सन् 1914 से 1953 तक अमेरिका में रहे। उन्होंने अमेरिका की नागरिकता नहीं ली। राष्ट्रीयता के मुद्दे पर वे तटस्थ रवैया अपनाते थे और खुद को सच्चे अर्थों में 'विश्व नागरिक' मानते थे। अमेरिका में मेकार्थी युग शुरू होने पर चार्ली पर अमेरिका-विरोधी गतिविधियों में शामिल होने का आरोप लगाया गया। मीडिया ने भी उनके खिलाफ मोरचा खोल दिया। चार्ली को संदिग्ध कम्युनिस्ट समझा जाने लगा और खुफिया तंत्र को उन पर नजर रखने का निर्देश दिया गया। सरकार के सख्त रवैए के चलते चार्ली का अमेरिका में रहना मुश्किल हो गया। विश्व युद्ध के दौरान चार्ली के स्वतंत्र विचारों को देखते हुए अमेरिकी खुफिया एजेंसी ने उनके ऊपर दबाव बढ़ाना शुरू कर दिया।

सन् 1952 में चार्ली अपनी फिल्म 'लाइमलाइट' का प्रीमियर करने के लिए लंदन गए। अमेरिकी प्रशासन ने इसी दौरान चार्ली को निष्कासित करने की साजिश को अंजाम देना शुरू कर दिया। चार्ली को जब यह सूचना मिली तो उन्होंने अमेरिका नहीं लौटने का निर्णय लिया। इस सिलसिले में उन्होंने लिखा है—"पिछले विश्व युद्ध के समाप्त होने के बाद ताकतवर प्रतिक्रियावादी शक्तियों ने मेरे खिलाफ दुष्प्रचार शुरू कर दिया। इन शक्तियों ने अपने प्रभाव और पीत पत्रकारिता का इस्तेमाल करते हुए ऐसा दूषित माहौल तैयार कर दिया, जिसमें किसी भी स्वतंत्र विचारवाले व्यक्ति का रह पाना मुमकिन नहीं हो सकता। इन हालात में मुझे लगा कि अब मैं सिनेमा निर्माण का कार्य जारी नहीं रख पाऊँगा, इसीलिए मैंने अमेरिका का त्याग करने का फैसला किया।"

अपने इस गुरूर के साथ चार्ली स्विट्जरलैंड के वेपी इलाके में बस गए।

इसके बाद वे केवल एक बार अप्रैल 1972 में अपनी पत्नी के साथ ऑस्कर पुरस्कार ग्रहण करने के लिए अमेरिका के दौरे पर आए।

चार्ली की अंतिम दो फिल्मों का निर्माण लंदन में हुआ। इन फिल्मों के नाम हैं—'ए किंग इन न्यूयॉर्क' (1957) और 'ए काउंटेस फ्रॉम हांगकांग' (1967) चार्ली ने इस फिल्म में अभिनय किया था, साथ ही निर्माण, निर्देशन और लेखन भी किया था। इस फिल्म में सोफिया लॉरेन और मर्लोन ब्रांडो ने अभिनय किया था। चार्ली ने आखिरी दोनों फिल्मों के लिए संगीत की रचना भी की थी। 'ए काउंटेस फ्रॉम हांगकांग' का शीर्षक गीत 'दिस इज माई सॉन्ग' लोकप्रियता के मामले में चोटी पर पहुँच गया था। इस गीत को पेटुला क्लार्क ने गाया था।

चार्ली ने फर्स्ट नेशनल की तीन फिल्मों 'ए डॉग्स लाइव' (1918), 'शोल्डर आर्म्स' (1918) एवं 'द पिलग्रिम' (1923) का नए सिरे से संपादन किया था और संगीत की रचना करते हुए आरंभिक नैरेशन को रिकॉर्ड किया था। सन् 1959 से 1963 के बीच चार्ली ने अपनी आत्मकथा 'माई ऑटोबायोग्राफी' लिखी थी, जिसका प्रकाशन सन् 1964 में किया गया।

सन् 1974 में प्रकाशित अपनी सचित्र आत्मकथा 'माई लाइफ इन पिक्चर्स' में चार्ली ने संकेत दिया कि उन्होंने अपनी पुत्री विक्टोरिया के लिए 'द फ्रीक' नामक फिल्म की पटकथा लिखी है। इस फिल्म में उनकी पुत्री एक परी की भूमिका निभाने वाली थी। चार्ली ने बताया था कि पटकथा पूरी हो चुकी थी और रिहर्सल भी शुरू हो चुका था। मगर फिल्म का निर्माण नहीं हो पाया, क्योंकि विक्टोरिया ने शादी कर ली। चार्ली ने लिखा कि एक दिन वे इस फिल्म को जरूर बनाएँगे। सन् 1970 में चार्ली की तबीयत बिगड़ने लगी थी और यह फिल्म कभी नहीं बन पाई।

सन् 1969 से 1976 तक चार्ली अपनी मूक फिल्मों के लिए मौलिक संगीत रचते रहे और नए सिरे से अपनी फिल्मों को प्रदर्शित करते रहे। 'दि आइडल क्लास' 1971 में प्रदर्शित की गई, 'ए डेज प्लंजर' 1973 में प्रदर्शित की गई, 'पे डे' 1972 में प्रदर्शित की गई, 'सन्नी साइड' 1974 में प्रदर्शित की गई, 'द सर्कस' 1969 में प्रदर्शित की गई और 'द किड' 1971 में प्रदर्शित की गई। संगीत रचना में एरीक जेम्स ने चार्ली के साथ सहयोग किया था।

चार्ली का अंतिम कार्य सन् 1923 में निर्मित फिल्म 'ए वूमेन इन पेरिस' के लिए संगीत रचना करना था, जिसे उन्होंने 1976 में पूरा किया। उस समय तक चार्ली अत्यंत बीमार हो चुके थे और उन्हें बोलने में भी कठिनाई होने लगी थी।

1960 के दशक से ही चार्ली की तबीयत धीरे-धीरे बिगड़ने लगी थी। उसी दौरान उन्होंने आखिरी फिल्म 'ए काउंटेस फ्रॉम हांगकांग' बनाई थी। सन् 1972 में अकादमी पुरस्कार मिलने के बाद वे लगातार बीमार रहने लगे थे। सन् 1977 में उन्हें बोलने में कठिनाई होती थी और ह्वील चेयर का इस्तेमाल करना पड़ता था। 25 दिसंबर, 1977 को जब सारी दुनिया क्रिसमस का जश्न मना रही थी, उसी दिन इस महानायक ने खामोशी के साथ दुनिया को अलविदा कह दिया था।

स्विट्ज़रलैंड की वेवी सिमेट्री में चार्ली के शव को दफनाया गया। 1 मार्च, 1978 को कुछ लोगों ने चार्ली के परिवार से धन उगाही करने के लिए कब्र खोदकर चार्ली का शव चुरा लिया। लेकिन शव चुरानेवाले गिरफ्तार कर लिये गए और लगभग 2 माह बाद लेक जेनेवा के पास शव बरामद किया गया। इस बार 6 फीट गहरी कब्र खोदकर शव को दफनाया गया और सीमेंट की सहायता से कब्र का निर्माण किया गया, ताकि दोबारा कोई चोरी करने की कोशिश न कर सके।

□

अकिंचनता से वैश्विक जयघोष तक का सफर

सन् 1915 में 'लिटिल ट्रैंप' का किरदार जब प्रसिद्धि की ऊँचाई पर पहुँच गया तब सबसे अधिक अचरज स्वयं चार्ली चैप्लिन को हुआ था। वे महज 5 साल पहले नाट्य मंडली के कलाकार के रूप में अमेरिका के दौरे पर आए थे। संकोची, मृदुभाषी ब्रिटिश म्यूजिक हॉल के इस पूर्व हास्य कलाकार ने तब कहा था, ''मैं यह सब कुछ समझ नहीं पा रहा हूँ। मैं एक मामूली हास्य कलाकार हूँ, जो लोगों को हँसाने की कोशिश कर रहा है। लोग मेरे साथ ऐसा सलूक कर रहे हैं मानो मैं इंग्लैंड का बादशाह हूँ।''

यह बात बिलकुल सच थी। चार्ली की फिल्म हर वर्ग के दर्शकों को गुदगुदा रही थी। हर वर्ग का दर्शक चार्ली से प्यार करने लगा था। चार्ली एक आम आदमी के प्रतीक बन गए थे। कम समय में ही वे अमेरिका में कॉमेडी के बादशाह बन चुके थे।

अगर सिंहावलोकन किया जाए तो चार्ली ने जो अपनी खास शैली में मनोविश्लेषणात्मक व भावनात्मक प्रहसन का विकास करने का निर्णय लिया था, उसके लिए उन्होंने सटीक समय को चुना था। प्रथम विश्व युद्ध के चलते निराश विश्व वासियों के लिए चार्ली की फिल्में संजीवनी का काम कर रही थीं।

सन् 1915 के वसंत में उन्होंने 'द ट्रैंप' के रूप में विलक्षण किरदार का सृजन किया। यह उनकी पहली खट्टी-मीठी कॉमेडी थी, जिसका अंत खास शैली में होता था—प्यार में चोट खानेवाला दिलेर और लचीला—उनका बेघर नायक जीवन के मार्ग पर विषण्ण और एकाकी होकर कदम बढ़ाता था।

अत्यंत पीड़ादायक लड़कपन के अनुभवों का ही नतीजा था कि चार्ली ने फिल्मों की विशिष्ट शैली का विकास किया था, जिसमें भावनात्मक करुणा और एकाकीपन के भाव को दोहराया जाता था। लंदनिया गुदड़िया के रूप में अपने वास्तविक जीवन के अनुभवों को सिनेमा के परदे पर रूपांतरित करते हुए चार्ली गरीबी से समृद्धि तक और अख्याति से प्रसिद्धि तक पहुँचने में कामयाब हुए थे।

बेघर नायक—जो डिकेंस के बाद के इंग्लैंड और आधुनिक अमेरिका की ज्वलंत समस्या का प्रतीक था—चार्ली के बचपन के अनुभवों पर आधारित था, जिसे चार्ली ने बाद की फीचर फिल्मों में मर्मस्पर्शी, सामाजिक संदेश देने के लिए भी इस्तेमाल किया। बचपन में कुछ दुर्भाग्यजनक अवसरों पर चार्ली को लंदन की सड़कों पर रात गुजारने और कूड़ेदान से भोजन बटोरने के लिए मजबूर होना पड़ा था। ऐसे दुःस्वप्न जैसे अनुभवों को चार्ली कभी भूल नहीं पाए थे। वे अच्छी तरह जानते थे कि विक्टोरिया कालीन इंग्लैंड के अनाथालयों और गरीबों के रैन बसेरों में जिंदगी किस कदर पीड़ादायक होती थी।

चार्ली ने बचपन में जिस तरह शहरी विस्थापन के दर्द को महसूस किया था, उन यंत्रणादायक अनुभवों को उन्होंने काल्पनिक किरदारों के माध्यम से हास्य रस के साथ फिल्मों में चित्रित किया था।

चार्ली के पिता अत्यधिक मदिरापान करते थे। जब उनकी मौत हुई तब चार्ली महज 12 साल के थे। उनकी माता एक मनोरोगी बन चुकी थीं, जिन्हें अकसर उपचार के लिए मानसिक चिकित्सालय में भरती करना पड़ता था।

चार्ली चैप्लिन जैसे व्यक्तियों के जीवन का अब समाज-वैज्ञानिकों द्वारा प्रणालीबद्ध तरीके से अध्ययन किया जा रहा है। वे इन नतीजे पर पहुँच रहे हैं कि बेघर होनेवाले और यंत्रणादायक दबाव का सामना करनेवाले सारे बच्चे एक ही तरीके से प्रतिक्रिया व्यक्त नहीं करते। उनमें से कई बड़े होने पर जहाँ गुमराह हो जाते हैं, वहीं चार्ली की तरह कुछ ऐसे बच्चे भी होते हैं, जो आश्चर्यजनक रूप से मेधावी, परोपकारी, प्रतिभाशाली और जीनियस होते हैं। मनोविज्ञान की भाषा में ऐसे बच्चों की गणना 'अभेद्य' की श्रेणी में की जाती है।

ऐसे बच्चे वयस्क होने पर विरोधाभाषी रूप से उच्चतर उपलब्धियाँ हासिल करनेवाले और शानदार जीवन जीनेवाले समाज के मूल्यवान् सदस्य बन सकते हैं। चार्ली ऐसे ही व्यक्ति थे और उनका फिल्मी किरदार भी उनके वास्तविक जीवन को ही प्रतिबिंबित करता था।

सन् 1921 में चार्ली ने पहली बड़े आकार की फीचर फिल्म 'द किड' बनाई

थी। इस कॉमेडी फिल्म को सिने इतिहास में मील का पत्थर समझा जाता है। इस फिल्म में 'ट्रैंप' एक परित्यक्त बच्चे को अपनाकर पालन-पोषण करता है। 30 वर्षीय चार्ली के निजी जीवन के हादसे की प्रेरणा से 'द किड' का निर्माण किया गया था। (उनके पहले पुत्र की मौत जन्म के तीन दिन बाद ही हो गई थी। दो-ढाई हफ्ते बाद ही चार्ली ने इस फिल्म का निर्माण शुरू कर दिया था।) इस फिल्म में भावनात्मक क्षति और विस्थापन के संकट को समसामयिक सामाजिक मुद्दों के साथ जोड़ा गया था। जनता के दिमाग में उस समय प्रथम विश्व युद्ध के विस्थापित शरणार्थी बच्चे कौंध रहे थे; साथ ही बहुतों ने विश्व युद्ध में अपने परिजनों को खोकर मृत्यु की पीड़ा का अहसास किया था।

दूसरी तरफ बौद्धिक दर्शकों की नजरों में चार्ली की फिल्म का खोजा हुआ बच्चा खोई हुई पीढ़ी का परिचायक बन गया था। इससे पहले किसी भी फिल्मकार और फिल्म ने एक ही झटके में सिनेमा को ताकतवर कला माध्यम के रूप में मान्यता नहीं दिलाई थी।

1930 के दशक में वैश्विक मंदी के दौरान चार्ली ने समाज की गंभीर समस्याओं को हास्य के नजरिए से प्रस्तुत करने का प्रयास करते हुए 'मॉडर्न टाइम्स' जैसी विलक्षण फिल्म का निर्माण किया था।

इस फिल्म में एक कारखाने के कर्मचारी के रूप में चार्ली ने ट्रैंप को बेबाकी के साथ संकट के बीच प्रस्तुत किया था। यह कर्मचारी संगठित जनता की कसौटी पर एक कर्तव्यनिष्ठ सदस्य नहीं था, बल्कि शासन करनेवाले वर्ग का एक सदस्य प्रतीत होता था। दोनों ही वर्गों पर चार्ली ने तीखा व्यंग्यात्मक प्रहार किया था। मुनाफे पर ध्यान देनेवाले प्रबंधन का उन्होंने मजाक उड़ाया था, जो कर्मचारियों के हितों की बिलकुल परवाह नहीं करता। उन्होंने हड़ताल-प्रेमी संगठित मजदूरों की कमजोरी पर भी व्यंग्यात्मक प्रहार किया था। इस फिल्म के अंत में भी ट्रैंप अपनी प्रेमिका की बाँहों में बाँहें डालकर जीवन के पथ पर आगे निकल गया था।

अपने मायूस दर्शकों को तसल्ली देने के लिए उन्होंने संदेश दिया—'खुश हो जाओ। कभी हौसला मत छोड़ो। हमें मंजिल जरूर मिलेगी।'

सन् 1940 में चार्ली ने 'द ग्रेट डिक्टेटर' बनाई। इस फिल्म ने उन्हें राजनीतिक विवाद की तरफ धकेल दिया और अंततः चार्ली को अमेरिका से निर्वासित होना पड़ा। सन् 1952 में जब चार्ली इंग्लैंड के दौरे पर गए तो उनके अमेरिका लौटने पर प्रतिबंध लगा दिया गया। उन पर कथित रूप से साम्यवाद समर्थक होने और संदेहास्पद नैतिक चरित्र होने का आरोप लगाया गया। यह एक ऐसी विडंबना थी,

जिसकी भविष्यवाणी चार्ली ने स्वयं 'मॉडर्न टाइम्स' के एक दृश्य में कर दी थी।

सड़क पर भटकते हुए, अपनी धुन में मस्त, निष्कपट मगर मददगार चार्ली खतरे के निशानवाले एक लाल झंडे को गुजरते हुए ट्रक से गिरते हुए देखते हैं और उठा लेते हैं। दौड़ते हुए और ड्राइवर का ध्यान आकर्षित करने के लिए झंडा लहरा रहे ट्रैंप को पता ही नहीं चलता कि सड़क के एक कोने में उनके पीछे प्रदर्शनकारी भीड़ गुस्से के साथ दौड़ रही है और उनके झंडे को देखकर साम्यवाद समर्थक नारे लगा रही है। पुलिस भीड़ को तितर-बितर कर देती है और ट्रैंप को गिरफ्तार कर लेती है।

महज 4 साल बाद फिल्म का यह प्रसंग चार्ली के वास्तविक जीवन में साकार होता हुआ नजर आया। इस समय तेजी से बदलते राजनीतिक परिप्रेक्ष्य में फिल्म 'द ग्रेट डिक्टेटर' की वजह से अमेरिका का राजनीतिक तंत्र अपनी तटस्थतावादी नीति के चलते फिल्मकार चार्ली से नाराज हो गया। इस फिल्म में चार्ली ने तानाशाह हिटलर और एक यहूदी नाई के दोहरे किरदार को निभाया था और परंपरागत पेंटोमाइम की तकनीक को छोड़कर उनका विख्यात 'ट्रैंप' परदे पर पहली बार बोलने लगा था।

फिल्म के अंत में उनका एक भाषण था, जो भावनात्मक होने के साथ-साथ विवेकपूर्ण भी था, जिसके जरिए हिटलर द्वारा यहूदियों के संहार के खिलाफ विश्व समुदाय के हस्तक्षेप का आह्वान किया गया था। इसी फिल्म की वजह से सितंबर 1941 में उनके खिलाफ सम्मन जारी किया गया और उन्हें युद्ध-प्रचार विषयक युद्ध विरोधी, तटस्थतावादी संसदीय उप-समिति के सामने पेश होना पड़ा। उप-समिति का गठन जल्दबाजी में किया गया था।

चार्ली की इस लोकप्रिय और आर्थिक रूप से कामयाब फिल्म की वजह से जहाँ अमेरिका में युद्ध के समर्थन में जनमत तैयार हुआ, वहीं अमेरिकी खुफिया एजेंसी एफ.बी.आई. की फाइल में चार्ली को 'अविकसित फासीवाद-विरोधी' व्यक्ति का अनोखा संबोधन दिया गया (उस जमाने की भाषा में ऐसा कहना एक राजनीतिक मंगल भाषित था, जो ऐसे व्यक्ति के बारे में कहा जाता था जो कम्युनिस्ट पार्टी का सदस्य बने बिना वामपंथ का समर्थन करता हो।)

जैसा कि टेलीरेंड ने लिखा है—"देशद्रोह तारीखों पर निर्भर करता है।" चार्ली 1930 के दशक से युद्ध की समाप्ति तक खुलकर हिटलर के नाजीवाद का विरोध करते रहे थे। इस बीच रूस और जर्मनी के साथ अमेरिका के रिश्ते में बदलाव आता रहा था। जिस समय हिटलर-स्टालिन संधि हुई थी, उस समय

अमेरिका आधिकारिक तौर पर तटस्थतावादी नीति अपना रहा था। दूसरी तरफ 'द ग्रेट डिक्टेटर' में चार्ली के भाषण को युद्ध को भड़कानेवाला समझा जा रहा था। इसके बाद अमेरिका भी द्वितीय विश्व युद्ध में कूद पड़ा और नए गठबंधन सामने आए। इस युग की राजनीति में अजीबोगरीब तालमेल सामने आ रहे थे। जर्मनी के खिलाफ अमेरिका के युद्ध में शामिल होने का विरोध अमेरिकी कम्युनिस्ट पार्टी और दक्षिण-पंथी अमेरिकी फर्स्ट कमेटी मिलकर कर रही थी। यही वह समय था, जब चार्ली ने 'द ग्रेट डिक्टेटर' का निर्माण और प्रदर्शन किया था, जिसमें नाजियों के खिलाफ अमेरिकियों से युद्ध छेड़ने का आह्वान किया गया था और यह नसीहत दी गई थी कि ऐसा करते समय सोवियत संघ के लाभ-हानि के पहलू की परवाह नहीं की जानी चाहिए।

बाद में संयुक्त शक्तियों के खिलाफ जब अमेरिका और सोवियत संघ ने जीवन-मृत्यु के संघर्ष के लिए गठबंधन किया, चार्ली ने उस समय नाजियों का विरोध और भी तीव्र कर दिया। लेकिन इस दौरान वे सोवियत संघ के हितों का भी समर्थन करते रहे थे। सन् 1942 में उन्होंने रूसी युद्ध राहत एवं द्वितीय मोरचे के पक्ष में प्रचार अभियान चलाया था।

चार्ली की ख्याति विश्व स्तर के कलाकार के रूप में स्थापित हो चुकी थी और विश्व स्तर पर उनकी फिल्मों का संदेश आम जनता के हृदय का स्पर्श कर रहा था। इसलिए जो लोग उनके राजनीतिक नजरिए से असहमत थे, वे उन्हें शत्रु के रूप में देख रहे थे। उस समय अगर उनकी प्रभाव डालने की क्षमता को कमजोर बनाया जा सकता था तो इस तरह उनकी लोकप्रियता पर भी आसानी से प्रहार किया जा सकता था।

सन् 1942 के उत्तरार्द्ध में चार्ली पर हमले को तेज कर दिया गया। संरक्षणवादी पत्रकार वेस्टश्रुक पेगलर का कॉलम सैकड़ों अखबारों में प्रकाशित होता था। उसने चार्ली के खिलाफ दो अत्यंत कठोर लेखों के जरिए प्रचार अभियान को शुरू किया। सोवियत संघ के साथ अमेरिका के सैन्य गठबंधन का समर्थन करते हुए चार्ली की कम्युनिस्ट समर्थक गतिविधियों को अमेरिका-विरोधी बताते हुए उसने चार्ली को निर्वासित करने की माँग की। इससे भी अधिक कटु निंदा करते हुए पेगलर ने तर्क दिया कि चार्ली ने तीन पत्नियों को तलाक देकर साबित कर दिया था कि वे 'विवाह, परिवार और घर संबंधी अमेरिकी जीवन के मानकों' पर विश्वास नहीं करते।

आखिरी आरोप ऐसा था जिसका प्रभाव लोगों पर आसानी से पड़ सकता था। औसत अमेरिकी अखबारों के पाठक युद्ध को नुकसान पहुँचाने के लिए किसी भी

तरह का राजनीतिक विवाद नहीं चाहते थे। लेकिन एक नौजवान कलाकार के रूप में चार्ली कई स्त्रियों से संबंध रखने की वजह से बदनाम हो चुके थे। उसी समय एक अभिनेत्री के साथ उनके कथित सेक्स स्कैंडल को मीडिया में उछाल दिया गया, जिसका गहरा प्रभाव अमेरिकी जनता पर पड़ा।

जून 1943 में एक अविवाहित महिला ने चार्ली के खिलाफ मुकदमा दर्ज कर आरोप लगाया कि वे उसके बच्चे के पिता थे। बाद में रक्त परीक्षण के नतीजे से साबित हुआ कि महिला का दावा सही नहीं था। लेकिन इस तरह का नतीजा आने से पहले चार्ली के चरित्र पर हमले किए गए और सार्वजनिक रूप से उन्हें 'नैतिक रूप से भ्रष्ट' घोषित कर दिया गया।

अखबारों के पहले पन्ने पर रोज उनके मुकदमे की काररवाई की खबरें चटखारे ले-लेकर प्रकाशित की गईं, अवैध रिश्ते के आरोप को उछाला गया। अपराधी की तरह फिंगरप्रिंट्स देने की तसवीरें प्रकाशित की गईं। हेडा होपट के नेतृत्व में हॉलीवुड के संरक्षणवादी कॉलमिस्टों ने उनके खिलाफ बड़े पैमाने पर दुष्प्रचार शुरू कर दिया। इस तरह चार्ली की सार्वजनिक प्रतिष्ठा को काफी नुकसान पहुँचाया गया। परदे के पीछे से एफ.बी.आई. चार्ली के खिलाफ जारी अभियान का संचालन कर रही थी। चार्ली संबंधी एफ.बी.आई. की फाइलों के अध्ययन से बाद में स्पष्ट हो गया कि चार्ली के खिलाफ दुर्भावना के चलते कमजोर मान एक्ट के तहत काररवाई की गई, जबकि उनके निर्दोष होने के प्रचुर तथ्य मौजूद थे और जिसे बाद में उन्होंने साबित भी कर दिखाया। यह भी संकेत मिलता है कि एफ.बी.आई. के उकसाने पर ही कॉलमिस्टों ने चार्ली के खिलाफ दुष्प्रचार अभियान शुरू कर दिया था। इतना ही नहीं, एफ.बी.आई. ने मामले की न्यायिक अनुपयुक्तता को भी छिपाया था। अगर संघीय जज को इसकी जानकारी होती तो मामले को तत्काल नैतिक आधार पर खारिज किया जा सकता था।

पितृत्व संबंधी मुकदमे का इस्तेमाल समाचार-पत्रों ने चार्ली की प्रतिष्ठा के खिलाफ अभियान चलाने के लिए किया और जर्मनी के आत्मसमर्पण के एक महीने बाद यह मुकदमा खत्म हो पाया। इस तरह अमेरिकी शासन तंत्र ने चार्ली के राजनीतिक प्रभाव पर एक हद तक अंकुश लगा दिया था। इसके बावजूद चार्ली युद्ध के उपरांत घरेलू राजनीतिक दमन और शोषण के सभी तरीकों का तीव्र विरोध जताते रहे। उस समय के दूसरे उदारवादी प्रबुद्ध व्यक्तियों की तरह चार्ली जन-अधिकारों के हनन के प्रयास को आसानी से समझ जाते थे और अपना विरोध जताते थे। वे स्टालिनवाद की बुराइयों की आलोचना करने में भी पीछे नहीं हटे थे।

जब नकारात्मक राजनीतिक दुष्प्रचार के परिणामस्वरूप चार्ली की छवि को नुकसान पहुँचाया गया, उस समय चार्ली पर अंकुश लगाए रखने की राजनीतिक रणनीति पहले की तुलना में प्रतिकूल साबित होने लगी। चार्ली की प्रतिष्ठा को और क्षति पहुँचाने और उनके देश-प्रेम को संदिग्ध बनाने के लिए गवाही के कठघरे से उन्हें दूर रखना एकमात्र प्रभावशाली उपाय बचा रह गया। वास्तव में उनके ऊपर कम्युनिस्ट होने का आरोप महज अफवाहों और वक्रोक्तियों के जरिए लगाया गया था। जैसा कि अमेरिका-विरोधी गतिविधियों से संबंधित कमेटी और एफ.बी.आई. अच्छी तरह जानती थी (और बाद में फाइलों से भी इस बात की पुष्टि हो गई) कि चार्ली कभी भी कम्युनिस्ट पार्टी के सदस्य नहीं बने थे। अगर उनसे शपथ लेकर अपने दावे को साबित करने के लिए कहा जाता तो वे आसानी से अपनी बेगुनाही को साबित कर सकते थे। अमेरिका-विरोधी गतिविधियों से संबंधित कमेटी ने सन् 1947 में तीन बार उनकी सुनवाई को स्थगित किया था और अंततः रद्द कर दिया था।

इस संकट की घड़ी का मुकाबला भी चार्ली ने लड़कपन के अभेद्य साहस और दृढ़ता की शैली में किया। उन्होंने अपने ऊपर आक्रमण करनेवालों के उत्तेजक दुष्प्रचार का सामना भाव-प्रवण क्रोध के साथ किया। अपने बचाव का प्रयास करते हुए वे तेजी से खतरनाक वामपंथी रुझान के एक सुविधाजनक प्रतीक बनते चले गए।

किसी भी कीमत पर उन्होंने भयभीत नहीं होने का संकल्प कर रखा था। यह विशेषता सही अर्थों में उनके अभेद्य लड़कपन के प्रभाव को दरशाता है। किसी भी तरह की बाधा को पार करने का साहस और विश्वास उनके मन में था। इसी खूबी के साथ चार्ली ने अपने जीवन को जीया था।

"तब भी जब मैं यतीमखाने में था, सड़कों पर भटकते हुए जान बचाने के लिए अन्न की तलाश करता रहा था। उस समय भी मैं खुद को संसार का महानतम कलाकार समझता था। अपने भीतर आत्मविश्वास रखने पर जो प्राचुर्य पैदा होता है, मैं उसे महसूस करता था। उसके बिना आपको हमेशा पराजय का मुँह देखना पड़ सकता है।"

उनकी इसी जिजीविषा की खूबी ने उनके 'लिटिल ट्रैंप' को कई दशकों से दुनिया भर के सिनेमा-प्रेमियों के बीच लोकप्रिय बना रखा है। यह स्वाभाविक था कि अमेरिकी शासन तंत्र के हमले से अपना बचाव करने के लिए चार्ली ने अभेद्य बचपन के साहस और संकल्प का इस्तेमाल किया।

सन् 1947 में 'मोशिए वोर्दू' के प्रीमियर के समय संवाददाता सम्मेलन को

संबोधित करते हुए चार्ली ने कहा था, "मुझ पर हमला करो। इस पके बालवाले बूढ़े का काम तमाम कर दो।" पत्रकारों को उनकी फिल्म के बारे में चर्चा करने में कोई दिलचस्पी नहीं थी। वे केवल उनकी राजनीति की रिपोर्टिंग करने के लिए जमा हुए थे। पत्रकारों ने उनके देश-प्रेम को लेकर सवाल पूछना शुरू कर दिया। शीतयुद्ध तीव्र होता जा रहा था। उन्होंने अपने खिलाफ शत्रुता के बरताव को कम करने के लिए हास्य का इस्तेमाल करते हुए खुद को 'शांति-प्रेमी' बताया। मगर उनके जवाब को गंभीरता से नहीं लिया गया।

इसके बाद, जब संरक्षणवादी राजनीतिक दबाव समूहों ने देश-प्रेम के हित में अमेरिकियों को चार्ली की फिल्म का बहिष्कार करने के लिए प्रेरित किया तब चार्ली को अहसास होने लगा कि उन्होंने अपने विरोधियों की ताकत को कम समझा था।

अमेरिका छोड़ने से पहले सन् 1952 में अमेरिका की धरती पर अपनी आखिरी फिल्म 'लाइमलाइट' बनाई थी। इस फिल्म का बुरा हाल हुआ। दक्षिणपंथी गुटों ने वितरकों पर इतना जबरदस्त दबाव डाला कि उन्होंने सैकड़ों थिएटरों में फिल्म का प्रदर्शन रोक दिया। उस समय चार्ली स्थायी रूप से राजनीतिक निर्वासन के तहत स्विट्जरलैंड में रहने के लिए चले गए थे।

अगले 20 वर्षों तक चार्ली ने अमेरिका की धरती पर कदम नहीं रखा; लेकिन लाखों अमेरिकियों के मन में उनकी सजीव उपस्थिति बनी रही। चार्ली ने 'लाइमलाइट' के शीर्षक गीत की रचना की थी। सन् 1953 में वह गीत अमेरिका में सर्वाधिक लोकप्रिय गीत माना गया।

□

‘एस्सेने-चैप्लिन ब्रांड’ की फिल्में

अपने कैरियर के आरंभ में चार्ली चैप्लिन ने कीस्टोन फिल्म कंपनी के लिए जो कॉमेडी फिल्में बनाई थीं, उनमें उनकी प्रतिभा शैशवावस्था में नजर आती है। एस्सेने की कॉमेडी फिल्मों में उनकी तरुणाई झलकती है, जहाँ वे धीरे-धीरे परिपक्वता की तरफ अग्रसर होते हुए नजर आते हैं। एस्सेने फिल्म कंपनी संक्रमण काल से गुजर रही थी, जब उसे महान् कलाकार चार्ली मिले थे। चार्ली अत्यंत लगन और मेहनत के साथ अपनी प्रत्येक फिल्म में नए-नए प्रयोग कर रहे थे, नए-नए विचार ढूँढ़ रहे थे, ट्रैंप के किरदार को नई-नई खूबियाँ प्रदान कर रहे थे, जिस किरदार को सिने इतिहास में अमरता प्राप्त होने वाली थी। एस्सेने के बैनर तले बनी चार्ली की फिल्मों से एक महान् कलाकार के सृजन की बेचैनी और प्रयोगों को समझा जा सकता है।

कीस्टोन फिल्म कंपनी के साथ एक साल का अनुबंध समाप्त होने के बाद एस्सेने ने प्रति सप्ताह 1,250 डॉलर की तनख्वाह के साथ चार्ली के साथ करार किया था। उन्हें सिर्फ करार पर दस्तखत करने के लिए कंपनी की तरफ से 10 हजार डॉलर मिले थे। इस कंपनी के बैनर तले चार्ली ने 14 फिल्में बनाईं। इन सभी फिल्मों को ‘एस्सेने-चैप्लिन ब्रांड’ के रूप में प्रदर्शित किया गया। कंपनी का मुख्यालय शिकागो में था और उसका स्टूडियो कैलिफोर्निया में भी था। इस कंपनी की स्थापना जॉर्ज के. स्पूर और जी.एम. एंडरसन ने की थी। सन् 1907 में इस कंपनी की स्थापना की गई थी और एक साल बाद ही वह मोशन पिक्चर पैरेंट्स कंपनी की सदस्य बन गई थी। चार्ली का कंपनी के साथ गुजारा गया एक साल कंपनी के लिए स्वर्ण काल था। चार्ली जब इस कंपनी का करार खत्म होने पर म्यूचुअल फिल्म कंपनी में चले गए तो यह कंपनी लड़खड़ाने लगी और सन् 1918 में इसका

कामकाज ठप हो गया। अगर चार्ली एस्सेने के साथ नहीं जुड़े होते तो यह कंपनी विस्मृति के गर्भ में खो गई होती।

चार्ली की बाद की फिल्मों में जो जटिल और सूक्ष्म शैली नजर आती है, एस्सेने की फिल्मों में उन पहलुओं से साक्षात्कार नहीं होता। एस्सेने के बैनर तले बनाई गई चार्ली की फिल्में सहज-सरल कॉमेडी फिल्में हैं, जिनमें करुणा और हास्य, कल्पना और यथार्थ का अद्‌भुत मिश्रण नजर आता है।

एस्सेने की फिल्म 'द ट्रैंप' को चार्ली की प्रथम क्लासिक फिल्म माना जाता है। चरित्र को उभारने के लिए चार्ली ने इस फिल्म में करुणा का इस्तेमाल किया। हास्य अभिनय के क्षेत्र में ट्रैंप के किरदार की खोज एक ऐतिहासिक घटना थी। 'द ट्रैंप' का अंत उदास करनेवाला था, जो सिनेमा की परंपरा में एक नया प्रयोग था। 'द बैंक' में भी करुणा का प्रयोग किया गया है, जिसमें ट्रैंप का दिया हुआ फूल लड़की फेंक देती है और ट्रैंप का दिल टूट जाता है।

एस्सेने की कॉमेडी फिल्मों को चार्ली ने विविध अन्वेषणों के जरिए समृद्ध बनाया। उन्होंने क्रम परिवर्तन का प्रभावशाली इस्तेमाल किया। 'ए नाइट आउट' में इस क्रम परिवर्तन के प्रयोग को देखा जा सकता है। एस्सेने के बैनर तले बनाई गई फिल्मों में ही चार्ली ने पहली बार पुंता का प्रयोग किया। 'ए नाइट आउट' में बेन टरपिन जब ट्रैंप को घसीटता है तो उसे लगता है कि वह नदी में फूल पर सवार होकर तैर रहा है। एस्सेने की फिल्मों में ही चार्ली ने कुछ खास तरकीबों को आजमाया, जो तरकीबें बाद में उनकी फिल्मों की विशेषता बन गईं।

सिनेमा की शैली की दृष्टि से भी चार्ली एस्सेने की फिल्मों में परिपक्वता की तरफ बढ़ते हुए नजर आते हैं। नारी किरदारों के चित्रण में इस खूबी को महसूस किया जा सकता है। एस्सेने के लिए फिल्में बनाते समय ही चार्ली को नायिका के रूप में एडना पूरविएंस मिली, जो सन् 1923 में निर्मित 'ए वूमेन ऑफ पेरिस' तक उनकी नायिका बनी रही। सन् 1895 में नेवादा में जनमी एडना का मूल नाम ओल्गा एडना पूरविएंस था। उसने सचिव की नौकरी के लिए प्रशिक्षण प्राप्त किया था। एस्सेने के एक कर्मचारी ने चार्ली से उसकी खूबसूरती की चर्चा करते हुए उसे फिल्मों में लेने की सिफारिश की थी। चार्ली उसके सौंदर्य और आकर्षण से प्रभावित हुए। चार्ली और एडना के बीच की अंतरंगता के चलते फिल्मों में महिला के प्रति ट्रैंप के बरताव में भी बदलाव आया। असल जीवन की अंतरंगता परदे पर भी झलकने लगी। इससे पहले कीस्टोन की फिल्मों में चार्ली का किरदार महिला किरदार से अंतरंग होता हुआ नजर नहीं आता, उस समय उनकी नायिका माबेल

नॉरमंड थी। एडना के साथ ट्रैंप का बरताव शालीन और रोमांटिक नजर आता है।

अपनी फिल्मों पर रचनात्मक नियंत्रण बढ़ाने में सक्षम होने के साथ-साथ चार्ली ने ट्रैंप के किरदार को और अधिक माँजने की कोशिश की। कीस्टोन की फिल्मों में जहाँ सपाट विषय होता था, वहीं एस्सेने की फिल्मों में चार्ली ने विविधतापूर्ण कथानकों को चुना और चरित्रों पर विशेष जोर दिया। कीस्टोन के बैनर तले हर हफ्ते एक फिल्म बनाने का दबाव चार्ली पर रहता था, जिसके चक्कर में कथा के पहलुओं पर विशेष ध्यान दे पाना संभव नहीं होता था। एस्सेने कंपनी में फिल्म बनाने की रफ्तार धीमी थी। इस तरह फिल्मों पर विशेष ध्यान देने के लिए चार्ली को पर्याप्त समय मिल रहा था। इस तरह उन्हें कई तरह के प्रयोग करने का अवसर भी मिल रहा था। संतुलित तरीके से बनाई गई फिल्मों में मूकाभिनय और चरित्र चित्रण का करिश्मा नजर आता है। एस्सेने के लिए बनाई गई चार्ली की शुरुआती सात फिल्में तीन महीने की अवधि में ही प्रदर्शित की गईं। उसके बाद रफ्तार घटाकर चार्ली प्रति महीने एक या दो रील की फिल्में बनाने लगे।

चार्ली अपनी फिल्मों की शालीनता को लेकर भी काफी सजग हो गए थे। उनकी आरंभिक फिल्मों को फूहड़ और अश्लील बताकर उनकी आलोचना की गई थी। चार्ली के लिए परिष्कृत हास्य अभिनय का क्षेत्र जाना-पहचाना था। उन्होंने लंदन संगीत परिसरों में यह कला सीखी थी, जहाँ कथा और किरदारों के तालमेल से दर्शकों को हँसाया जाता था। फ्रांसीसी मूक फिल्मों के महान् हास्य अभिनेता मैक्स लिंडर ने फिल्म में अभिनय की खास शैली का विकास किया था और चार्ली उनके प्रशंसक थे। 'ए नाइट आउट' और 'ए नाइट इन द शो' में शराबी के हाव-भाव के चित्रण में चार्ली लंदन संगीत परिसर के प्रहसनों से प्रभावित नजर आते हैं। 'ए वूमेन' की महिला किरदार पर भी संगीत परिसर के अभिनय की स्पष्ट छाप नजर आती है।

शुरू-शुरू में जब चार्ली किरदार आधारित कॉमेडी फिल्म बनाने की कोशिश कर रहे थे तो एस्सेने के मालिकों के साथ उनका तनाव बढ़ गया था। कंपनी का नाम एस्सेने फिल्म मैन्यूफैक्चरिंग कंपनी था और वहाँ कारखाने की संस्कृति प्रचलित थी। कंपनी फिल्मों के मानकीकरण के प्रयास में जुटी थी और वह चार्ली से अपेक्षा रखती थी कि वे भी मानकीकरण की दिशा में कदम उठाएँगे। जब चार्ली से कहा गया कि वे कंपनी के पटकथा लेखक से पटकथा ले लें तो उन्होंने गुस्से से कहा, ''मैं किसी दूसरे की किसी पटकथा का इस्तेमाल नहीं करता। मैं अपनी

फिल्में खुद ही लिखता हूँ।"

एस्सेने के साथ कई मुद्दों पर चार्ली शुरू से असहमति रखते थे। चार्ली एस्सेने से मुक्त होने पर भी उसके प्रति नाराजगी व्यक्त करते रहते थे और वहाँ गुजारे गए वक्त पर अफसोस जाहिर करते थे।

एस्सेने के बैनर तले बनाई गई फिल्मों की वजह से ही चार्ली विश्व-प्रसिद्ध हास्य अभिनेता बन गए। सन् 1915 में मोशन पिक्चर मैगजीन में छपे एक लेख में बताया गया—'पूरी दुनिया चैप्लिनमय हो गई है। संसार में सदियाँ गुजर जाने पर चैप्लिन जैसे महान् व्यक्ति का जन्म होता है, जो पूरी धरती को इस कदर प्रभावित करता है।'

चार्ली की कामयाबी का लाभ एस्सेने ने बखूबी उठाया। ट्रैंप के किरदार की नकल दूसरे कलाकार भी करने लगे।

एस्सेने की फिल्मों से प्रभावित होकर उसी समय समीक्षकों ने उनकी सराहना करते हुए उन्हें एक जीनियस और हास्य अभिनय का बेताज बादशाह कहना शुरू कर दिया। एस्सेने की फिल्मों में ऐसे विविध विषय, किरदार और शैली नजर आते हैं, जिन्हें परिपक्वता हासिल करने पर चार्ली ने फीचर फिल्मों में प्रभावशाली तरीके से इस्तेमाल किया।

□

फर्स्ट नेशनल की फिल्में

सन्नी साइड

अपनी आत्मकथा में चार्ली चैप्लिन ने उल्लेख किया है कि 'सन्नी साइड' का निर्माण करना दाँत उखाड़ने की तरह तकलीफदेह था। समय-समय पर चार्ली दूसरे कलाकारों की तरह रचनात्मक अवरोध से ग्रस्त हो जाते थे, मगर इस बार उनका अवरोध अधिक गहरा था। मिल्ड्रेड हैरिस से असफल विवाह के चलते वे अवसाद में डूब गए थे।

विवाह के हफ्ते भर बाद वे स्टूडियो लौटे। वे ग्रामीण पृष्ठभूमि में एक हास्य फिल्म बनाना चाहते थे। वे अपने सहकर्मियों के साथ देहाती इलाके में गए। सारी तैयारी के बावजूद वे हास्य को पैदा नहीं कर पाए। तीन महीने से अधिक समय तक वे अकर्मण्य बने रहे और फिल्म का काम ठप रहा। इसके बाद अचानक तीन हफ्ते तक वे पूरे उत्साह के साथ फिल्म निर्माण में जुट गए, जिसके परिणामस्वरूप वे 'सन्नी साइड' का निर्माण पूरा कर पाए।

यह एक रोचक फिल्म है। एक दृश्य खासतौर पर याद किया जाता है। बेहोश पड़े चार्ली सपना देखते हैं कि वे चार वन देवियों के साथ नृत्य कर रहे हैं। यह नृत्य स्पष्ट तौर पर रूसी नर्तक वासलाव निजिंस्की की बैलेट के प्रति श्रद्धांजलि है। निजिंस्की ने चार्ली के स्टूडियो का दौरा किया था और दोनों ही एक-दूसरे की प्रतिभा का सम्मान करते थे। चार्ली को काफी खुशी हुई, जब रूसी नर्तक ने उनकी नृत्यकला की भी तारीफ की।

ए डेज प्लेजर

'ए डेज प्लेजर' के निर्माण को लेकर चार्ली को कठिनाई का सामना करना

पड़ा था। चार्ली ने पारिवारिक पिकनिक के खतरे के एक सरल विचार के साथ इस फिल्म का निर्माण शुरू किया था। आरंभ में धीमी गति से इसकी शूटिंग होती रही। उनके वैवाहिक जीवन की परेशानियों का प्रभाव इस फिल्म के निर्माण कार्य पर पड़ा। उनकी पत्नी मिल्ड्रेड ने एक शिशु को जन्म दिया, जिसकी मौत तीन दिन के बाद हो गई। विरोधाभासी रूप से चार्ली के भीतर का कलाकार प्रेरित हुआ। चार्ली ने 'ए डेज प्लेजर' का निर्माण बीच में ही छोड़ दिया और 'द किड' के निर्माण में जुट गए।

वितरण कंपनी का दबाव नई फिल्म के लिए बढ़ता जा रहा था। 'द किड' की शूटिंग से समय निकालकर हफ्ते भर में चार्ली ने 'ए डेज प्लेजर' की शूटिंग पूरी की थी। इसके लिए उन्होंने एक नाव किराए पर ली थी। नाव से उन्हें प्रेरणा मिलती थी। तेजी से बनाई गई इस फिल्म की ताजगी आज भी बरकरार है।

दि आइडल क्लास

चार्ली अपने 'ट्रैंप' के किरदार के लिए नई-नई भूमिकाओं का प्रयोग कर रहे थे। 'दि आइडल क्लास' में उन्होंने ट्रैंप और एक अमीर शराबी पति की दोहरी भूमिकाएँ निभाईं। इन दोनों के बीच उन्होंने अकर्मण्य अमीर और अकर्मण्य गरीब को प्रस्तुत किया। इस फिल्म में गोल्फ खेलने का एक दृश्य है।

पे डे

फर्स्ट नेशनल के बैनर तले सन् 1922 में निर्मित 'पे डे' चार्ली की आखरी दो रीलवाली फिल्म है। इस फिल्म की शूटिंग चार्ली ने बगैर किसी रुकावट के एक महीने में पूरी कर ली थी। इस फिल्म में चार्ली भवन निर्माण कार्य से जुड़े मजदूर और शराबी पति के रूप में नजर आते हैं। इसमें उनकी पत्नी की भूमिका फिलीस एलेन ने निभाई थी। फिल्म में रात के दृश्यों का बड़ी खूबसूरती के साथ चित्रण किया गया था।

□

चार्ली चैप्लिन और संगीत

चार्ली चैप्लिन ने अपने लड़कपन के आरंभिक दिनों को याद करते हुए कहा था कि संगीत परिसर में गायिका के रूप में जीविकोपार्जन करनेवाली उनकी माँ उन्हें अपने साथ थिएटर में लेकर जाती थीं, जहाँ वे विंग्स के पास खड़े होकर माँ का गायन और दूसरी प्रस्तुतियों को गौर से देखते-सुनते थे।

''रात के वक्त माँ मुझे किराए के कमरे में अकेले छोड़ने की जगह अपने साथ कार्यक्रम में लेकर जाना पसंद करती थीं।''

चार्ली ने अपने पिता चार्ल्स चैप्लिन के बारे में भी बताया था, जो एक जाने-माने गायक थे और सेंटरबरी म्यूजिक हॉल में गाते थे। चार्ली ने अपने पिता के गायन को भी सुना था। इसके अलावा जब माँ की तबीयत ठीक रहती थी तो वह घर में चार्ली और उनके सौतेले भाई सिडनी का मनोरंजन करने के लिए गाती थीं, नाचती थी, मूकाभिनय करती थीं और दूसरे कलाकारों की नकल उतारती थीं। चार्ली ने महज 5 साल की उम्र में मंच पर सार्वजनिक रूप से उस समय अपना गायन प्रस्तुत किया था, जब गाना गा रही उनकी माँ की आवाज अचानक बैठ गई थी। वह कार्यक्रम एल्डरशॉ कैंटीन में पेश किया जा रहा था, जहाँ दर्शकों में ज्यादातर सैनिक शामिल थे। चार्ली ने जन्मजात गायक की तरह दो गीत गाए थे। दर्शकों ने मुग्ध होकर सिक्के उछाले थे, जिन्हें बटोरने में चार्ली जुट गए थे।

संगीत परिसर के संगीत के वातावरण में चार्ली पले-बढ़े थे। इसके अलावा बाद में वे एक प्रसंग का उल्लेख करते हुए बताते थे कि कैसे संगीत ने उनकी आत्मा में प्रवेश किया था। स्कूल से लौटकर वे खाली घर में आए थे और देर तक किसी के आने का इंतजार करते रहे थे। उसके बाद वे सड़कों पर घूमने के लिए निकल पड़े थे, जहाँ—

"अचानक संगीत सुनाई पड़ा। अद्भुत! यह ह्वाइट हार्ट कॉर्नर पब के प्रकोष्ठ से आ रहा था। खाली चौराहे पर संगीत का जादू फैल रहा था। 'हनी सकल एंड द बी' की धुन हारमोनियम और क्लारीनेट पर उल्लसित प्रवीणता के साथ बजाई जा रही थी, इस कदर मीठी और आकर्षक, पवित्र और मर्मस्पर्शी, सुकून देनेवाली और आश्वस्त करनेवाली धुन थी वह। मैं अपनी हताशा भूल गया और सड़क पार कर उन कलाकारों के पास पहुँच गया। उसी दिन पहली बार मैंने संगीत का अन्वेषण किया था या पहली बार संगीत के दुर्लभ सौंदर्य से मेरा साक्षात्कार हुआ था। यह सौंदर्य मेरे साथ सदैव बना रहा और मेरा पीछा करता रहा।"

सन् 1898 में 9 साल की उम्र में लंदन के संगीत परिसर में 'दि एइट लंकाशायर लैड्स' के सदस्य के रूप में चार्ली ने गायन का अपना कैरियर शुरू किया था।

कार्नो कंपनी में संगीत की भूमिका

रंगमंच के साथ उनका रिश्ता बना रहा, भले ही बीच में वे कई तरह की नौकरियाँ करते रहे और बेरोजगार भी रहे। अंततः वे फ्रेड कार्नो की नाट्य मंडली के प्रमुख कलाकार बन गए। कार्नो कंपनी के साथ प्रस्तुतियाँ देने के लिए चार्ली अमेरिका के दौरे पर गए। संगीत के प्रति उनके गहरे लगाव का प्रभाव उनके हास्य अभिनय पर भी पड़ा। उनका मूकाभिनय आरंभ से ही संगीत के ताल और छंद को प्रतिबिंबित करता रहा था। कार्नो कंपनी की हास्य नाटिकाओं में संगीत की अहम भूमिका होती थी। इस कंपनी के प्रहसनों में 18वीं शताब्दी की मधुर धुनों का प्रभावशाली ढंग से इस्तेमाल किया जाता था। सन् 1912 में किए गए अमेरिका के दौरे में चार्ली के साथ गए एक कलाकार स्टेन लॉरेल ने अपने साक्षात्कार में कहा है—

"चार्ली जहाँ भी जाते थे, अपने साथ वायलिन लेकर जाते थे। वायलिन के तार उलटे थे, चूँकि वे बाएँ हाथ से वायलिन बजाते थे, वे घंटों रियाज करते रहते थे। एक बार वे सेलो लेकर आए थे और हमेशा उसे अपने साथ रखते थे। इस दौरान उनकी वेशभूषा भी किसी संगीतज्ञ जैसी होती थी, लंबा ओवरकोट और टोपी। उनके बाल लंबे थे। हम कभी समझ नहीं पाते थे कि भविष्य में वे क्या करने वाले थे।"

चार्ली ने स्वयं उन दिनों के बारे में कहा है—

"उस दौरे के समय मेरे साथ वायलिन और सेलो थे। 16 वर्ष की आयु से मैं अपने सोने के कमरे में रोज 4 से 6 घंटे तक संगीत-साधना किया करता था। हर हफ्ते मैं थिएटर कंडक्टर या उसके बताए किसी जानकार व्यक्ति से सबक सीखता

था। मैं बाएँ हाथ से वायलिन बजाता था, इसीलिए उसकी बनावट भी उलटी थी। मैं एक कंसर्ट गायक बनना चाहता था। वैसा नहीं बन पाने पर रंगमंडली की प्रस्तुतियों में अपने संगीत की शिक्षा का इस्तेमाल करना चाहता था। मगर जैसे-जैसे वक्त गुजरता गया, मुझे यह अहसास होने लगा कि मैं कभी उत्कृष्टता को प्राप्त नहीं कर सकता। इस तरह मैंने प्रयास करना छोड़ दिया।''

'माई लाइफ इन पिक्चर्स' नामक अपनी पुस्तक में चार्ली ने लिखा है—

''जहाँ तक सेलो का सवाल है, इसके साथ मेरी तसवीर अच्छी लगती है; लेकिन इससे आगे और कुछ नहीं।''

कार्नो कंपनी के शो में चार्ली का अभिनय देखने के बाद पेरिस के फोलीस बर्गेरी में प्रसिद्ध संगीतकार डेबुसी ने उनसे मिलने की इच्छा जाहिर की। उस समय चार्ली महज 20 वर्ष के युवा थे। डेबुसी ने उनकी तारीफ करते हुए कहा, ''तुम जन्मजात संगीतज्ञ और नर्तक हो।'' उस समय चार्ली अंदाजा नहीं लगा पाए थे कि कितनी बड़ी हस्ती ने उनकी तारीफ की थी; लेकिन अपनी आत्मकथा में उन्होंने याद किया है कि उसी साल डेबुसी ने इंग्लैंड में अपनी नई संगीत रचना पेश की थी।

चार्ल्स चैप्लिन म्यूजिक कंपनी

सन् 1913 के अंत में चार्ली ने कार्नो कंपनी को छोड़ दिया और अमेरिका के फिल्म उद्योग में कार्य करने के लिए ठहर गए। कैरियर के शुरुआती दिनों में वे न्यूयॉर्क के मेट्रोपोलियन ओपेरा हाउस में संगीतज्ञ तनहौसर का कार्यक्रम देखने के लिए गए थे।

''मैंने पहले कभी विशाल ओपेरा नहीं देखा था, सिर्फ नाट्य मंडलियों की प्रस्तुतियाँ ही देखी थीं। अब मैं उसका अनुभव प्राप्त करना चाहता था। मैं टिकट लेकर दूसरे दर्जे के दर्शकों के बीच बैठ गया। जर्मन भाषा में कार्यक्रम प्रस्तुत किया जा रहा था और मेरी समझ में कुछ नहीं आ रहा था, न ही कथा के बारे में मैं कुछ जानता था; लेकिन जब वृंदगान के साथ मृत रानी को उठाकर ले जाने का प्रसंग आया तो मैं रोने लगा। ऐसा लगा मानो मेरे जीवन के दर्द को संगीत ने झकझोर दिया था। मैं भावनात्मक रूप से सिहरता हुआ वापस लौटा था।''

चार्ली की फिल्मों में संगीत अपरिहार्य अंग की तरह था—

''सहज छोटी धुनों से मेरे मन में कॉमेडी की छवियाँ उभरती थीं। 'ट्वेंटी मिनट्स ऑफ लव' में पार्क के दृश्य में पुलिसकर्मी और नर्स के साथ की गई हरकतों को दरशाने के लिए मैंने सन् 1914 के लोकप्रिय गीत 'टू मच मस्टर्ड' की धुन का इस्तेमाल किया था।''

जल्द ही चार्ली इस कदर प्रसिद्ध हो गए कि उनके नाम पर नाट्य मंडलियों में गीतों की रचना होने लगी। नर्तकियाँ चैप्लिन के गीत गाने लगीं। उनकी वेशभूषा की नकल करनेवाले कलाकार मंच पर अभिनय करने लगे। 'दोज चार्ली चैप्लिन ट्रीट' शीर्षक गीत लोकप्रिय होता गया।

म्यूचुअल फिल्म कंपनी के साथ काम करते हुए चार्ली की मुलाकात प्रसिद्ध संगीतकार पेडेरवस्की और लियोपोल्ड गोडोवस्की से हुई थी। सन् 1916 में उन्होंने इंग्लैंड की नाट्य मंडली के हास्य कलाकार बर्ट क्लार्क के साथ मिलकर अपनी संगीत प्रकाशन कंपनी भी बनाई।

"हमने एक इमारत की तीसरी मंजिल पर एक कमरा किराए पर लिया। अपने दो खराब गानों और उनकी धुनों की हमने 2,000 प्रतियाँ छापीं, फिर हम ग्राहकों का इंतजार करने लगे। यह हास्यास्पद प्रयास था। मुझे लगता है, हमने 3 प्रतियाँ बेची थीं। 1 प्रति अमेरिकी संगीतज्ञ चार्ल्स केडमेन ने खरीदी थी और 2 प्रतियाँ दो राहगीरों ने खरीदी थीं।"

चार्ली के तीन गीतों के प्रकाशन के बाद चार्ल्स चैप्लिन म्यूजिक कंपनी बंद कर दी गई। तीन गीतों के शीर्षक इस प्रकार थे—'ओह दैट सेलो', 'देयर इज ऑलवेज वन यू कैनोट फॉरगेट' और 'द पीस पेट्रोल'। उन्होंने पूरा ध्यान फिल्मों में लगाया और सन् 1918 में अपने स्टूडियो की स्थापना की, जहाँ निर्माण की पूरी प्रक्रिया पर वे अपना नियंत्रण रख सकते थे।

फिल्म संगीत की रचना

वे अपनी फिल्मों के शीर्षक गीत की रचना करते थे, जिसका प्रकाशन फिल्म के प्रदर्शन के साथ-साथ किया जाता था। जब 'गोल्ड रश' का प्रदर्शन किया गया तब चार्ली ने उसके शीर्षक संगीत की रिकॉर्डिंग खासतौर पर एक लेमेन ऑर्केस्ट्रा के साथ की थी।

मूक फिल्मों के उस युग में प्रमुख फिल्मों के लिए सटीक संगीतमय संगत का इंतजाम करने का दायित्व पेशेवर व्यवस्थापकों को सौंपा जाता था। ऐसे संगीत की रचना अमूमन प्रकाशित धुनों के आधार पर की जाती थी। फिर सिनेमाघरों के सामर्थ्य के अनुसार अलग-अलग वाद्यों के साथ संगीत को बजाया जाता था।

सन् 1923 में निर्मित फिल्म 'ए वूमेन ऑफ पेरिस' के समय तक चार्ली अपनी फिल्मों की संगीतमय संगत के साथ गहराई के साथ जुड़े हुए थे। जब बोलनेवाली फिल्में वजूद में आईं तो चार्ली को पेंटोमाइम की वैश्विक भाषा को छोड़ने में स्वाभाविक रूप से हिचकिचाहट महसूस हुई। लेकिन उनका मानना था—

''ध्वनि के बारे में एक अच्छी बात यह है कि मैं संगीत को नियंत्रित कर सकता हूँ, इसलिए मैं स्वयं धुनों की रचना करने लगा। ट्रैंप के किरदार के विपरीत अपनी कॉमेडी के साथ जोड़ने के लिए मैं सुरुचि-संपन्न और रोमांटिक संगीत की रचना करने का प्रयास करने लगा। इस तरह मेरी कॉमेडी को भावनात्मक आयाम मिल सकता था। संगीत व्यवस्थापक शायद ही मेरे मकसद को ठीक से समझ पाते थे। वे विनोदप्रिय संगीत की रचना करना चाहते थे। लेकिन मैं उन्हें समझाने की कोशिश करता था कि मुझे किसी प्रतिस्पर्धा में नहीं शामिल होना है। मैं चाहता हूँ कि संगीत सुख और दुःख का सुर संगीत बने, आवेगों को व्यक्त करे, जिसके बिना हेजलिट के शब्दों में कोई भी कला अधूरी कहलाएगी।''

सन् 1940 में अपनी फिल्म 'द ग्रेट डिक्टेटर' के संगीत की चर्चा करते हुए चार्ली ने एक साक्षात्कार में कहा था—

''फिल्म के संगीत को कभी कंसर्ट संगीत की तरह नहीं होना चाहिए। यह किसी क्षण कैमरा की तुलना में दर्शकों-श्रोताओं तक अधिक अर्थों को संप्रेषित कर सकता है; लेकिन फिर भी इसे कैमरे के स्वर की तुलना में मध्यम ही होना चाहिए।''

उस समय चार्ली के संगीत व्यवस्थापक मेरेडिथ विल्सन ने कहा था—

''आज तक मैं चार्ली चैप्लिन जैसे किसी दूसरे व्यक्ति से नहीं मिला, जो पूर्णता को प्राप्त करने के लिए इस कदर समर्पण की भावना से कार्य करता हो। सूक्ष्म तथ्यों के प्रति उनकी जागरूकता और चाहे गए भाव को व्यक्त करने के लिए सटीक संगीत के टुकड़े का चुनाव करने की उनकी दक्षता गजब की है। वे हमेशा गैर-जरूरी संगीत के हिस्से को हटाने में जुटे रहते हैं।''

फिल्म निर्माण के दौरान चार्ली की दोस्ती कई मशहूर संगीतकारों से हुई। उनमें प्रमुख थे—रचमानीनोव, होरोवीत्ज, स्ट्राविंस्की, हेन्स आइजलर और स्कूनबर्ग।

चार्ली ने अपनी आत्मकथा में संगीतकारों की सराहना करते हुए लिखा था—

''लेखक भले लोग होते हैं, मगर देना नहीं चाहते। जो कुछ भी वे जानते हैं, दूसरों से कम ही बाँटना चाहते हैं। ज्यादातर ज्ञान को वे किताबों के पन्नों के बीच ही कैद रखते हैं। वैज्ञानिकों की संगति अच्छी हो सकती है, मगर ड्राइंगरूम में उनकी मौजूदगी दूसरों को मानसिक रूप से विकलांग बना सकती है। पेंटर अब पैदा करते हैं, चूँकि वे खुद को पेंटर की जगह दार्शनिक जताना चाहते हैं। कवि निस्संदेह उच्च कोटि के प्राणी होते हैं और निजी तौर पर भले, सहिष्णु और जीवंत साथी होते हैं। मगर मेरा मानना है कि अन्य श्रेणियों की तुलना में संगीतज्ञ अधिक मददगार

किस्म के होते हैं। एक सिंफोनी ऑर्केस्ट्रा से बढ़कर कोई मंजर नहीं, जो सीधे दिल को छूता है।''

चार्ली ने कभी संगीत की धुनों को कागज पर नहीं उतारा, मगर वे अपनी सारी फिल्मों के संगीत के लिए निरंतर कार्य करते रहे। 'सिटी लाइट्स' के संगीत के बारे में उन्होंने कहा—

''असल में मैंने कुछ लिखा नहीं। मैं गुनगुनाता रहा और ऑर्थर जॉनसन ने लिख दिया। यह सहज संगीत है, जो मेरे किरदार को ध्यान में रखकर रचा गया है।''

संगीतज्ञ टिमोथी ब्रोक का कहना है—

''परंपरागत पश्चिमी संगीत के नोटेशन के क्षेत्र में चार्ली अप्रशिक्षित होते हुए भी जन्मजात संगीतज्ञ थे। उन्हें मालूम था कि संगीत का प्रभावशाली तरीके से किस तरह इस्तेमाल किया जा सकता है। अपने प्रसिद्ध किरदार की तरह उनके संगीत में भी हास्य, करुणा और दक्षता का अद्‌भुत संतुलन नजर आता है।''

जीवन की संध्या वेला में स्विट्जरलैंड में रहते समय चार्ली ने सन् 1918 से 1923 के बीच बनाई गई अपनी सभी फिल्मों के लिए संगीत की रचना की थी।

सही अर्थों में संगीत चार्ली की आत्मा में बसा हुआ था।

□

कैसे हुआ था ट्रैंप का जन्म

मैक सेनेट और मेबल नोमार्ड एक बार होटल लॉबी का एक सेट देख रहे थे। अचानक ही 'हमें यहाँ कुछ हँसी चाहिए' कहते हुए सेनेट चार्ली की तरफ मुड़े और कहा, ''कॉमेडीवाला मेकअप कर लो। कुछ भी चलेगा।''

फिर क्या हुआ, इस बारे में चार्ली अपनी आत्मकथा में बताते हैं कि मुझे बिलकुल समझ में नहीं आ रहा था कि किस तरह का रूप धारण करूँ। मुझे प्रेस रिपोर्टर का रंग-रूप पसंद नहीं था (मेकिंग ए लिविंग वाला)। फिर भी, ड्रेस रूम की तरफ जाते समय मैंने सोचा कि मैं बैगी पैंट पहन लूँ, बड़े-बड़े जूते हों, हाथ में छड़ी हो, कसा हुआ कोट हो और एक छोटी सी टोपी हो। मुझे लगा कि इन सब चीजों के बीच अंतर्विरोध होना चाहिए, जैसे—बैगी पैंट के साथ कसा हुआ कोट और छोटी टोपी एवं बड़े जूते। मैं अभी यह तय नहीं कर पाया कि मुझे जवान दिखना चाहिए या बूढ़ा, लेकिन मुझे

याद आया कि सेनेट साहब मुझसे उम्मीद कर रहे थे कि मैं काफी उम्रदराज लगूँ, इसलिए मैंने छोटी-छोटी मूँछें भी लगाने का मन बनाया जिससे, मेरे खयाल से, बिना अपनी अभिव्यक्तियों को छुपाए उम्र को ज्यादा दिखाया जा सकता था। मुझे किरदार के बारे में तनिक भी पता नहीं था। लेकिन, जैसे ही मैं तैयार हुआ, कपड़ों से और मेकअप से मुझे पता चल गया कि इस पहनावे से मैं किस किस्म की शख्सियत बन चुका हूँ।...और जब तक मैं सेट पर आता, उस किरदार का पूरी तरह से जन्म हो चुका था।

□

चार्ली चैप्लिन की संतानें

शिशु का नाम	जन्म	मृत्यु	जन्म के समय चार्ली की उम्र	माता का नाम	पोते-पोती
नॉर्मन स्पेंसर चैप्लिन	7 जुलाई, 1919	10 जुलाई, 1919	30	मिल्ड्रेड हैरिस	
चार्ल्स स्पेंसर चैप्लिन जूनियर	5 मई, 1925	20 मार्च, 1968	36	लिटा ग्रे	सूसान मेरी चैप्लिन
सिडनी अर्ल चैप्लिन	31 मार्च, 1926	3 मार्च, 2009	37		स्टीफन चैप्लिन
केरोल एन बेरी चैप्लिन (विवादित)	2 अक्तूबर, 1943		54	जॉन बेरी	
जेराल्डीन चैप्लिन	31 जुलाई, 1944		55		सेन सौरा चैप्लिन ऊना केस्टिका चैप्लिन
माइकेल जॉन चैप्लिन	7 मार्च, 1946		56		कैथलीन चैप्लिन डोलोरेस चैप्लिन कॉर्मेन चैप्लिन जॉर्ज चैप्लिन
जोसेफिन हाना चैप्लिन	28 मार्च, 1949		59	ऊना	जूलियन रोनेट
विक्टोरिया चैप्लिन	19 मई, 1951		62	ओ नील	औरीलिया थिरी जेम्स थिरी
यूगीन एंथोनी चैप्लिन	23 अगस्त, 1953		64		कीटा चैप्लिन
जेन सिसील चैप्लिन	23 मई, 1957		68		
एनेट एमिली चैप्लिन	3 दिसंबर, 1959		70		ओरसन साल किंड ओसकेला साल किंड
क्रिस्टोफर जेम्स चैप्लिन	जुलाई 1962		73		

रोचक तथ्य

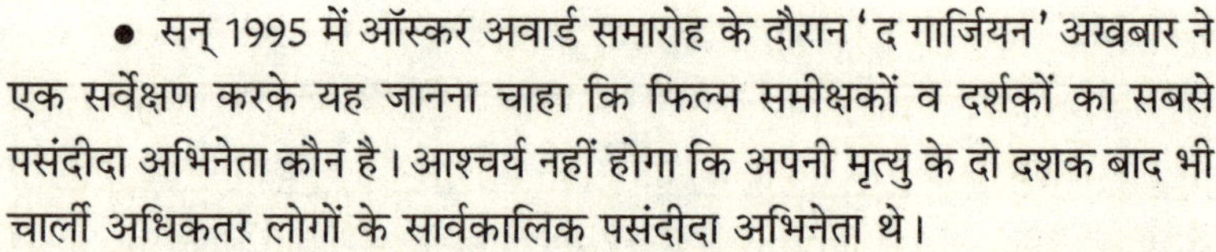

• सन् 1995 में ऑस्कर अवार्ड समारोह के दौरान 'द गार्जियन' अखबार ने एक सर्वेक्षण करके यह जानना चाहा कि फिल्म समीक्षकों व दर्शकों का सबसे पसंदीदा अभिनेता कौन है। आश्चर्य नहीं होगा कि अपनी मृत्यु के दो दशक बाद भी चार्ली अधिकतर लोगों के सार्वकालिक पसंदीदा अभिनेता थे।

• कॉमेडी यानी हास्य के बारे में चार्ली का मानना था कि किसी भी हास्य में सबसे महत्त्वपूर्ण होता है नजरिया, लेकिन हर बार नजरिया तलाशना आसान नहीं होता। किसी हास्य को सोचने और उसे निर्देशित करने में दिमाग को बहुत चौकन्ना रखना पड़ता है।

• ट्रैंप को फ्रांस, इटली, स्पेन, पुर्तगाल और तुर्की जैसे तमाम देशों में फ्रांसीसी बोलनेवाले लोग 'चार्लोत' नाम से जानते हैं। ब्राजील और अर्जेंटीना में इसको 'कार्लीतोस' पुकारते हैं, जर्मनीवाले इसी को 'पैगावांड' कहते हैं और भारत में तो ट्रैंप एवं चार्ली चैप्लिन में कोई फर्क ही नहीं किया जाता। बॉलीवुड में राजकपूर ने अपनी फिल्मों 'श्री 420' और 'मेरा नाम जोकर' में चार्ली के इस ट्रैंप का रूप धारण किया है। वहीं श्रीदेवी को आप हिंदी फिल्म 'मिस्टर इंडिया' में और चिरंजीवी को तेलुगू फिल्म 'चंतस्बाई' में इसी मेकअप में देख सकते हैं। कमल हासन ने भी तो तमिल फिल्म 'पुआगई मल्लन' में चार्ली से मिलते-जुलते किरदार को चित्रित किया। किरदार का नाम था—चैप्लिन चेल्लप्पा।

□

चार्ली चैप्लिन के जीवन की महत्त्वपूर्ण घटनाएँ

1889	—	*16 अप्रैल*—चार्ल्स स्पेंसर चैप्लिन का जन्म। जन्म-स्थान—लंदन।
1894	—	एल्डरशॉट में चालू खेल के दौरान उनकी माँ की आवाज बैठ जाने पर चार्ली ने स्टेज पर पहली बार, 5 साल की उम्र में अभिनय किया।
1894-98	—	बेशुमार गरीबी के शिकार रहे।
1898	—	एइट लंकाशायर लेड्स नृत्य मंडली में दाखिल हुए।
1901	—	पिता चार्ल्स चैप्लिन सीनियर का निधन।
1907	—	फ्रेड कार्नोज कॉमेडी कंपनी में भरती हुए।
1910	—	कार्नो कंपनी के साथ अमेरिका प्रवास।
1913	—	*15 दिसंबर*—हॉलीवुड में मैक सेनेट के स्टूडियो में दाखिल हुए।
1914	—	*2 फरवरी*—चार्ली की पहली फिल्म 'मेकिंग ए लिविंग' का निर्माण पूरा हुआ। *7 फरवरी*—उनकी दूसरी फिल्म 'किड ऑटो रेसेज एट वेनिस' बनी। *9 फरवरी*—उनकी तीसरी फिल्म 'माबेल्स स्ट्रैंज प्रेडिकामेंट' बनी। मॉबेल नॉर्मंड उनकी साथी कलाकार बनी। 35 फिल्में बनाने के लिए कीस्टोन कंपनी द्वारा 10,000 डॉलर चुकाए गए।।
1915	—	इसाने कंपनी के साथ 14 फिल्में बनाने के 60,000 डॉलर का

करार किया। एडना पूरविएंस ने उनकी (इसाने कंपनी की) फिल्म 'ए नाइट आउट' में काम किया।

1916 — म्यूचुअल कंपनी के साथ 12 फिल्में बनाने का करार किया, जिसके लिए उन्हें 6,70,000 डॉलर मिले।

1917 — फर्स्ट नेशनल कंपनी के साथ 8 फिल्में बनाने का करार किया, जिसके लिए उन्हें 10,00,000 डॉलर मिले।

1918 — हॉलीवुड में अपना स्टूडियो शुरू किया। मिल्ड्रेड (उम्र 16 साल) के साथ विवाह किया।

1919 — 'द किड' फिल्म शुरू की, जो सन् 1921 में प्रदर्शित की गई। इस फिल्म में लिटा ग्रे ने छोटी सी भूमिका अदा की।

1920 — मिल्ड्रेड हैरिस को तलाक दिया।

1921 — बर्लिन में अभिनेत्री पॉला नेग्री के साथ मिलन।

1922 — 'द थिलग्रिम' फिल्म शुरू की, जो सन् 1923 में प्रदर्शित की गई। इस फिल्म में एडना पूरविएंस ने चार्ली के साथ अंतिम बार अभिनय किया। पॉला नेग्री के साथ उनकी सगाई। 'ए वूमेन ऑफ पेरिस' शुरू की, जिसका निर्देशन चार्ली ने स्वयं किया लेकिन कोई भूमिका उसमें नहीं की। यह फिल्म सन् 1923 में प्रदर्शित हुई। एडना पूरविएंस का कैरियर इसी फिल्म से समाप्त हुआ।

1923 — पॉला नेग्री के साथ हुई सगाई टूट गई।

1924 — लीटा ग्रे (उम्र 16 साल) के साथ विवाह।

1927 — लीटा ग्रे को तलाक दिया।

1931 — फ्रांस प्रवास में रीब्स से प्यार हुआ।

1934 — 'मॉडर्न टाइम्स' फिल्म पॉलेटा गोडाई को लेकर शुरू की, जो सन् 1936 में प्रदर्शित हुई।

1936 — पॉलेटा गोडार्ड के साथ विवाह।

1942 — पॉलेटा गोडार्ड को तलाक दिया।

1943 — ऊना ओ नील (उम्र 18 साल) के साथ विवाह।

1944 — जेराल्डीन का जन्म।

1947 — चार्ली की अमेरिका-विरोधी प्रवृत्तियों के खिलाफ मीडिया ने

जिहाद छेड़ दिया।

1952 — अमेरिका छोड़ दिया।

1953 — स्विट्जरलैंड में स्थायी निवास।

1954 — ऊना ने अंग्रेजी नागरिकता स्वीकार की।

1958 — एडना पूरविएंस का निधन।

1964 — आत्मकथा 'माई ऑटोबायोग्राफी' का लंदन में प्रकाशन।

1965 — सौतेले बड़े भाई सिडनी चैप्लिन की मृत्यु।

1972 — हॉलीवुड का विशिष्ट अकादमी पुरस्कार लेने के लिए अमेरिका गमन।

1975 — 'नाइटहुड' का खिताब मिला।

1977 — 25 दिसंबर को अवसान।

1978 — 2 मार्च को उनका शव कब्र से खोदकर चुरा लिया गया, जिसे 17 मई के दिन फिर से खोज निकाला गया।

□

चार्ली चैप्लिन की फिल्मों की सूची

- द कीस्टोन बैनर तले बनाई गई फिल्में (1914)

1.	Making a Living	1 Reel
2.	Kid Auto Races at Venice	Sprit Reel
3.	Mabel's Strange Predicament	1 Reel
4.	Between Showers	1 Reel
5.	A Film Johnnie	1 Reel
6.	Tango Tangle	1 Reel
7.	His Favourite Pastime	1 Reel
8.	Cruel, Cruel Love	1 Reel
9.	The Star Boarder	1 Reel
10.	Mabel at the Wheel	2 Reels
11.	Twenty Minutes of Love	1 Reel
12.	Caught in a Cabret	2 Reels
13.	Caught in the Rain	1 Reel
14.	A Busy Day	Sprit Reel
15.	The Fatal Mallet	1 Reel
16.	Her Friend the Bandit	1 Reel
17.	The Knockout	2 Reels
18.	Mabel's Buisy Day	1 Reel
19.	Mabel's Married Life	1 Reel
20.	Laughing Gas	1 Reel
21.	The Property Man	2 Reels
22.	The Face on Ball Room Floor	1 Reel
23.	Recreation	Sprit Reel

24.	The Masquerader	1 Reel
25.	His New Profession	1 Reel
26.	The Rounders	1 Reel
27.	The New Janitor	1 Reel
28.	Those Love Pangs	1 Reel
29.	Dough and Dynamite	1 Reel
30.	Gentleman of Nerve	1 Reel
31.	His Musical Career	2 Reels
32.	His Trysting Place	
33.	Tillie's Punctured Romance	6 Reels
34.	Getting Acquainted	1 Reel
35.	His Prenistoric Past	2 Reels

- **दि इसाने के बैनर तले बनाई गई फिल्में (1915-1918)**

1.	His New Job	1 Reel
2.	A Night Out	2 Reels
3.	The Champion	2 Reels
4.	In the Park	1 Reel
5.	The Jitney Elopneent	2 Reels
6.	The Tramp	2 Reels
7.	By the Sea Work	1 Reel
8.	An woman	2 Reels
9.	The Bank	2 Reels
10.	Shanghaid	2 Reels
11.	A Night in the Show	2 Reels
12.	Carmen	4 Reels
13.	Police	2 Reels
14.	Triple Trouble	2 Reels

- **द म्यूचुअल के बैनर तले बनाई गई फिल्में (1916-1917)**

1.	The Floor Walker	2 Reels
2.	The Fireman	2 Reels
3.	The Vagabond	2 Reels
4.	One a.m.	2 Reels
5.	The count	2 Reels
6.	The Pawnshop	2 Reels
7.	Behind the Screen	2 Reels

8.	The Rink	2 Reels
9.	Easy Street	2 Reels
10.	The Cure	2 Reels
11.	The Immigrant	2 Reels
12.	The Advanturer	2 Reels

• द फर्स्ट नेशनल फिल्म्स के बैनर तले बनाई गई फिल्में (1918-1923)

1.	A Dog's Life	3 Reels
2.	The Bond	Sprit Reel
3.	Shoulder Arms	3 Reels
4.	Sunnyside	3 Reels
5.	A Day's Pleasure	3 Reels
6.	The Kid	6 Reels
7.	The Idle Class	2 Reels
8.	Pay Day	2 Reels
9.	The Pilgrim	4 Reels

• यूनाइटेड आर्टिस्ट के बैनर तले बनाई गई फिल्में (1918-1923)

1.	A Women of Paris	8 Reels
2.	The Gold Rush	9 Reels
3.	The Circus	7 Reels
4.	City Lights	9 Reels
5.	Modern Times	85 Minutes
6.	The Great Dictator	126 Minutes
7.	Monsieur Verdoux	122 Minutes
8.	Lime light	143 Minutes
9.	A King in Newyork	105 Minutes
10.	A Countess from Hongkong	117 Minutes

□

चार्ली चैप्लिन को मिले महत्त्वपूर्ण पुरस्कारों की सूची

• अकादमी अवार्ड

1. 1929 अकादमी मानद पुरस्कार 'द सर्कस' के लिए।

2. 1972 लाइफ टाइम अचीवमेंट पुरस्कार।

3. 1952 सर्वोत्तम ओरिजनल म्यूजिक स्कोर 'लाइम लाइट' के लिए।

• सर्वोत्तम अभिनेता के लिए न्यूयॉर्क फिल्म क्रिटिक सर्कल अवार्ड

1. 1940 'द ग्रेट डिक्टेटर' के लिए।

2. 1972 कैरियर गोल्डन लॉयन लाइफ टाइम अचीवमेंट पुरस्कार

3. 1975 में ब्रिटिश सम्राज्ञी महारानी एलिजाबेथ द्वितीय ने चार्ली को 'नाइट कमांडर ऑफ ब्रिटिश एंपायर' के खिताब से नवाजा।

□

सहायक पाठ्य सामग्री

• **Chaplin, Charles :** My Autobiography (Penguin Books, London, 1987), Charlie remembers his childhood in London and Life in America. Fairly Light reading—the early chapters on Victorian London are especially interesting historically.

• **Robinson,David:** Chaplin : His life and art (Paladin Books, London, 1986), A Book Which is Long and detailed but full of facts and early to read.

• My life is pictures (Firs Published by the Bodley Head, London, 1974). A Large book full of pictures of charlie chaplin with his own captions written beside each one.